Roulin Le Livre de la Nuit

ORBIS BIBLICUS ET ORIENTALIS

Publié au nom de l'Institut biblique
de l'Université de Fribourg Suisse,
du Séminaire d'égyptologie
de l'Université de Bâle,
de l'Institut d'archéologie et de philologie
du Proche-Orient ancien de l'Université de Berne
et de la Société suisse pour l'étude du Proche-Orient ancien

par Othmar Keel et Christoph Uehlinger

Orbis Biblicus et Orientalis   147/2

Gilles Roulin

Le Livre de la Nuit

Une composition égyptienne de l'au-delà

IIe partie: Copie synoptique

Editions Universitaires Fribourg Suisse
Vandenhoeck & Ruprecht Göttingen

Die Deutsche Bibliothek – CIP-Einheitsaufnahme

Roulin, Gilles:
Le Livre de la Nuit: une composition égyptienne de l'au-delà /
Gilles Roulin. – Fribourg, Suisse: Ed. Univ.; Göttingen:
Vandenhoeck und Ruprecht.
 (Orbis biblicus et orientalis; bd.147)
 Zugl.: Basel, Univ., Diss., 1995.
 ISBN 3-525-53783-2 (Vandenhoeck & Ruprecht)
 ISBN 3-7278-1054-8 (Ed. Univ.)
NE: GT

Part. 2. Copie synoptique. – 1996

BL
2430
.B66
1996
v.2

Veröffentlicht mit Unterstützung
des Werenfels-Fonds der Freiwilligen Akademischen Gesellschaft Basel,
des Dissertationsfonds der Universität Basel
und des Max-Geldner-Fonds, Basel.

Les originaux de ce livre prêts à la reproduction
ont été fournis par l'auteur

© 1996 by Universitätsverlag Freiburg Schweiz
    Vandenhoeck & Ruprecht Göttingen

Imprimerie Saint-Paul Fribourg Suisse

ISBN 3-7278-1054-8 (Editions Universitaires)
ISBN 3-525-53783-2 (Vandenhoeck & Ruprecht)

TABLE DES MATIÈRES

ABRÉVIATIONS DES LEÇONS ET EXTRAITS DU *LIVRE DE LA NUIT*
AVEC INSCRIPTIONS [1]

DeB	Temple de Deir el-Bahari (Hatchepsout).
S I	Cénotaphe d'Abydos (règne de Séthi Ier).
MH	Temple de Medinet Habou (Ramsès III).
R IV	Tombe de Ramsès IV (Vallée des Rois).
R VI a	Tombe de Ramsès VI, salle du sarcophage (Vallée des Rois)
R VI b	Tombe de Ramsès VI, salles supérieures.
Os II	Tombe d'Osorkon II (Tanis).
C III	Tombe de Chéchanq III (Tanis).
Karn.	Edifice de Taharqa dans le temple de Karnak.
TT 132	Tombe thébaine de Ramose (règne de Taharqa).
TT 33 a, b	Tombe thébaine de Pétaménophis (complexe souterrain datant du règne de Psammétique Ier).
Mout.	Tombe thébaine de Moutirdis (TT 410, règne de Psammétique Ier).
Roda	Blocs réutilisés lors de la construction du nilomètre de Roda (vraisemblablement XXVIe dynastie).
CG 29305	Sarcophage de *dd hr* de Saqqara (Musée du Caire).
JE 48446	Sarcophage d'*'nh hrw* de Sebennytos (Musée du Caire).
JE 48447	Sarcophage de *šb mjn* de Sebennytos (Musée du Caire).
L D 8	Sarcophage de *dd hr* de Saqqara (Musée du Louvre).
L D 9	Sarcophage de *dd hr* de Saqqara (Musée du Louvre).
B 49	Sarcophage de *t3j hp jmw* (Bode-Museum, Berlin).
V 5	Sarcophage d'*jnj hrt nht* (Vienne).

CG 29792 (=JE 48861) Sarcophage de bélier de Mendès (Musée du Caire).

---

[1] Pour les leçons ou extraits du *LdN* sans inscriptions, voir le chapitre I du premier volume.

X

SYSTÈME DE CONVENTION POUR LA COPIE DES TEXTES

Lacunes.

Lacunes dont il est difficile de déterminer la longueur.

[ ] Restitution d'un signe ou d'une partie de signe, d'après les traces conservées.

Passage, signe(s) restitués ou copiés d'après d'anciens relevés.

tr. Traces d'un signe.

INTRODUCTION

DeB	S 1	MH	R IV	R VI a	R VI b	Karn.	Mout.

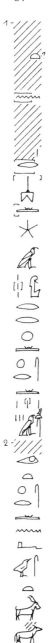

DeB	S I	MH	R IV	R VI a	R VI b	Karn.	Mout.

DEUXIÈME HEURE

TEXTE DE LA DEUXIÈME HEURE

Mout.	Karn.	RVIb	RVIa	RIV	MII	SI	DeB

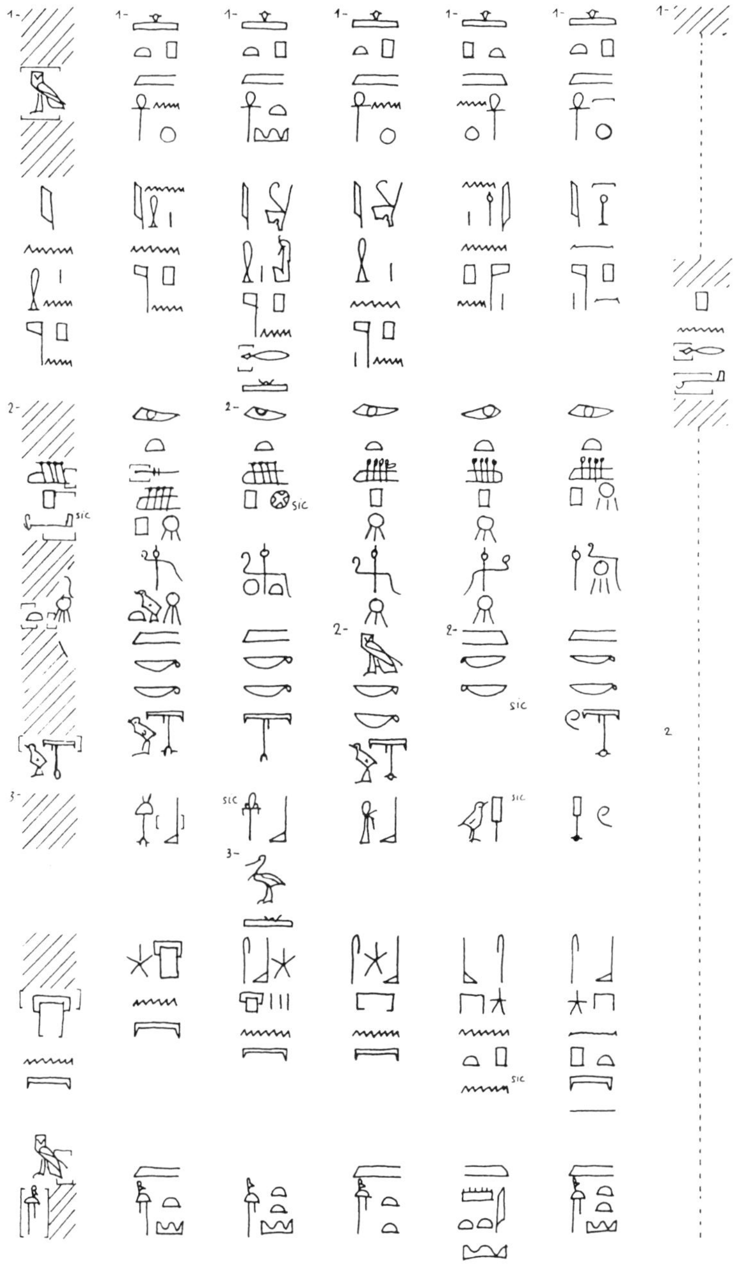

Texte de la deuxième heure

DeB	S I	MH	R IV	R VI a	R VI b	Karn.	Mout.

DeB	S I	MH	R IV	R VI a	R VI b	Karn.	Mout.

a) Signe corrigé, initialement : ⬭

DeB	S I	MH	R IV	R VI a	R VI b	Karn.	Mout.

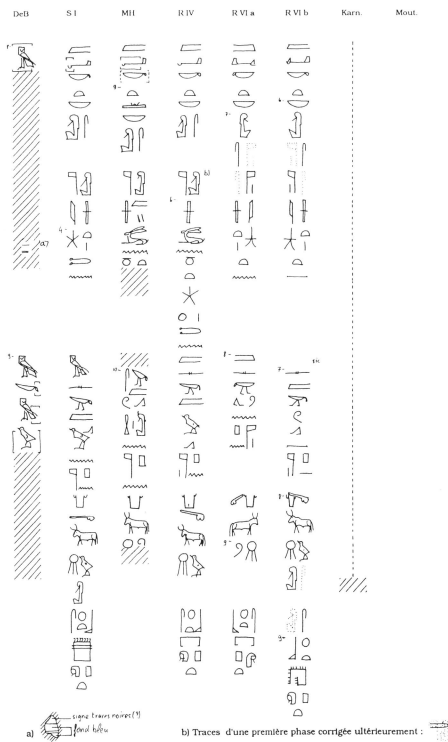

a) signe traces noires (?) / fond bleu

b) Traces d'une première phase corrigée ultérieurement :

DeB	S I	MH	R IV	R VI a	R VI b	Karn.	Mout.

a) Traces d'une première phase corrigée ultérieurement :

DeB	S I	MH	R IV	R VI a	R VI b	Karn.	Mout.

ZONE SUPÉRIEURE

LE CORTÈGE DE DIVINITÉS

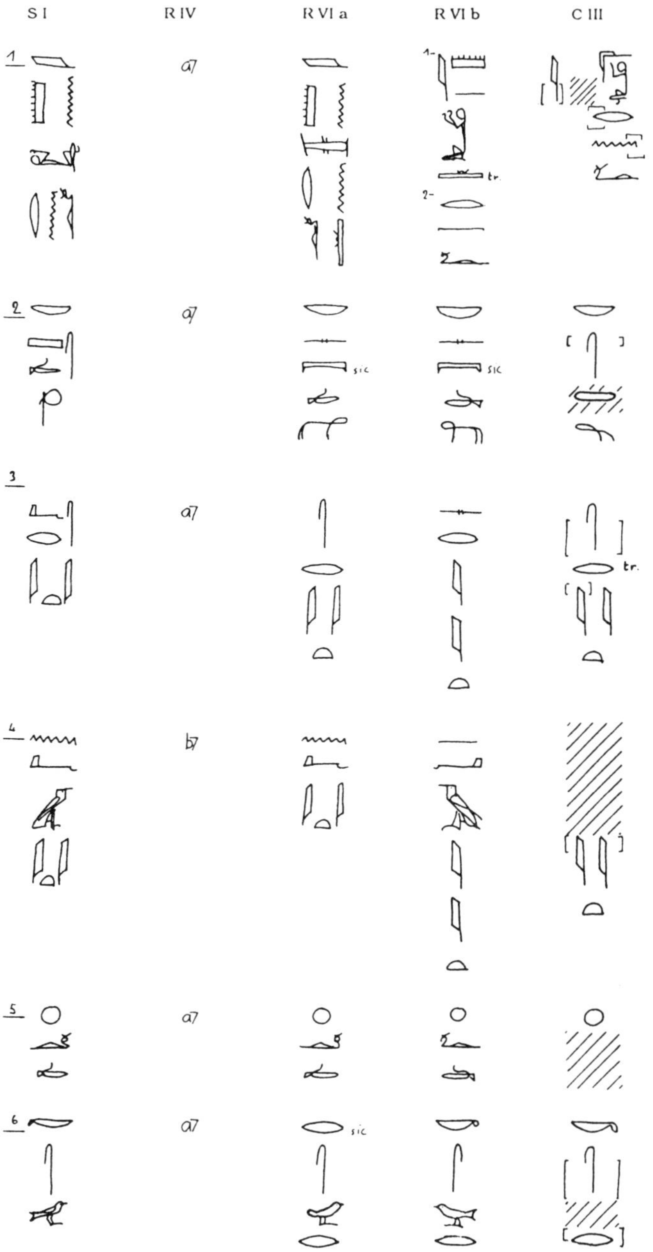

a) Anonyme.
b) Figure absente de cette version.

	S I	R IV	R VI a	R VI b	C III

a) Figure absente de cette version.

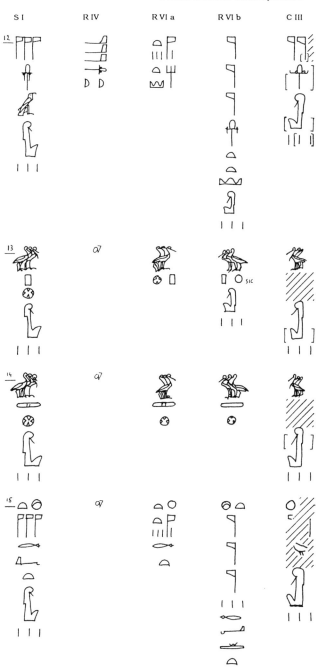

a) Figure absente de cette version.

S I   R IV   R VI a   R VI b   C III

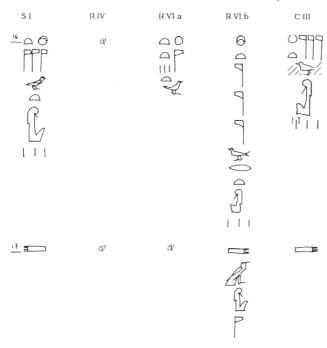

LE TEXTE DE SIA

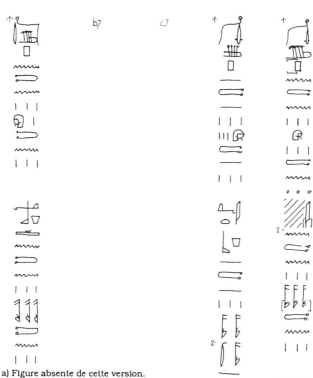

a) Figure absente de cette version.
b) Le texte inscrit au-dessus des personnages est celui de la zone médiane, cf. *infra*, p.17.
c) Ce texte est inscrit dans la zone inférieure, cf. *infra*, p.21-22.

S I   R IV   R VI a   R VI b   C III

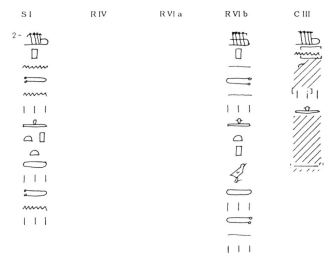

ZONE MÉDIANE

ÉQUIPAGE ET PASSAGERS DE LA BARQUE SOLAIRE

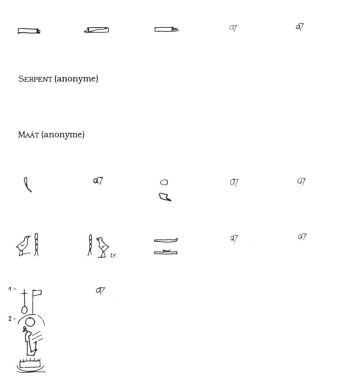

SERPENT (anonyme)

MAÂT (anonyme)

a) Anonyme.

S I   R IV   R VI a   R VI b   C III

DISCOURS DU ROI

S I   R IV   R VI a   R VI b   C III

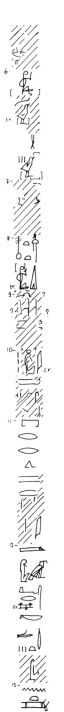

S I   R IV   R VI a   R VI b   C III

S I   R IV   R VI a   R VI b   C III

TEXTE DE SIA

S I   R IV   R VI a   R VI b   C III

GUIDE ET HALEURS

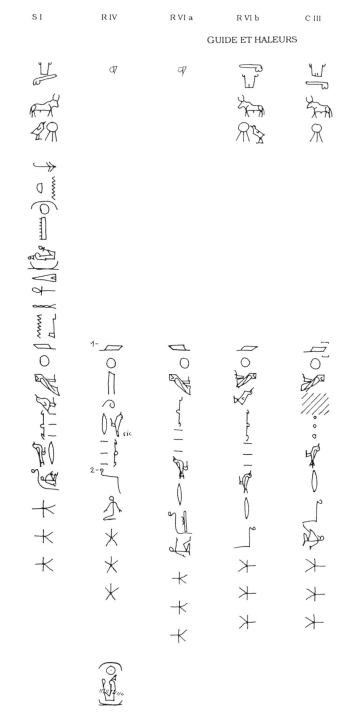

a) Anonyme.

S I	R IV	R VI a	R VI b	C III

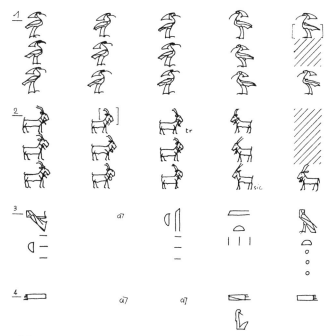

ZONE INFÉRIEURE

PREMIER GROUPE

a) Anonyme.

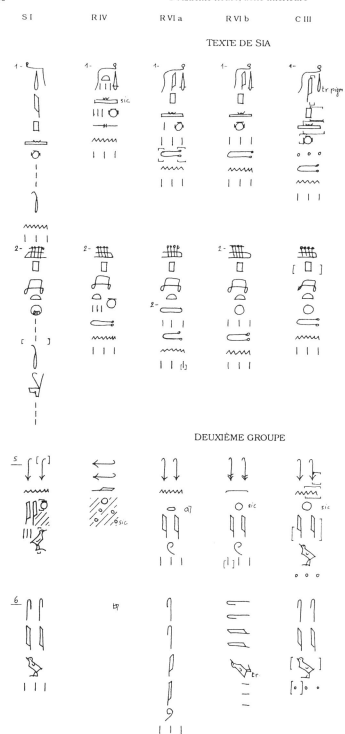

a) Pour le bol *nw* vraisemblablement.
b) Anonyme.

S I	R IV	R VI a	R VI b	C III

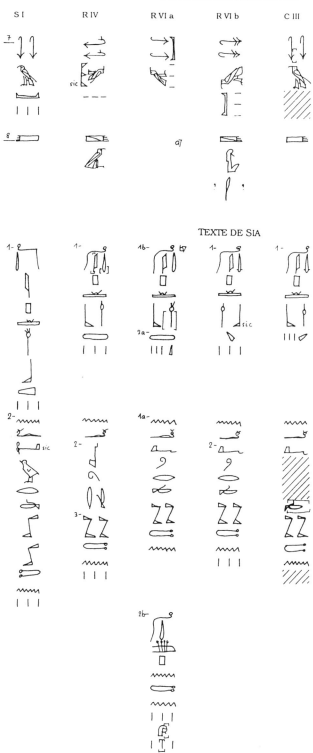

TEXTE DE SIA

a) Anonyme.
b) Texte perturbé.

S I   R IV   R VI a   R VI b   C III

TROISIÈME HEURE

TEXTES DE LA DEUXIÈME PORTE ET DE LA TROISIÈME HEURE

S I	R IV	R VI a	R VI b	C III

S I   R IV   R VI a   R VI b   C III

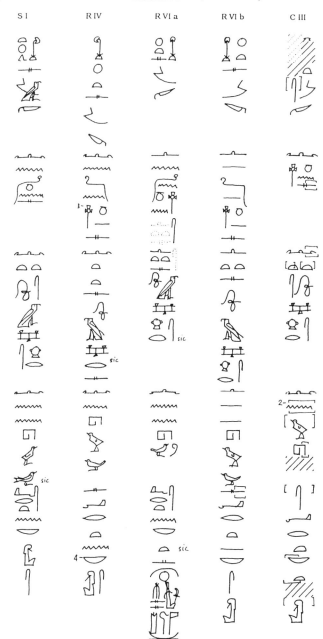

S I	R IV	R VI a	R VI b	C III

S I   R IV   R VI a   R VI b   C III

S I   R IV   R VI a   R VI b   C III

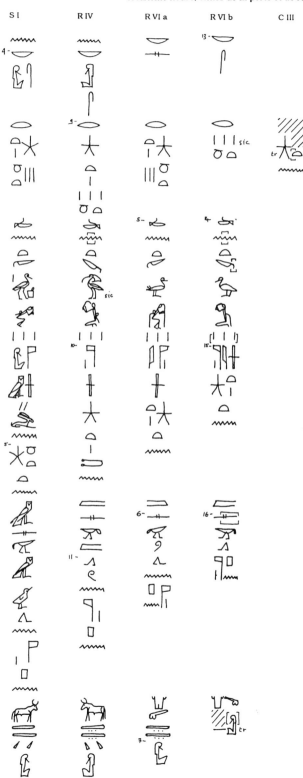

S I	R IV	R VI a	R VI b	C III

ZONE SUPÉRIEURE

LE CORTÈGE DE DIVINITÉS

a) Anonyme.

S I	R IV	R VI a	R VI b	C III

a) Anonyme.
b) Un personnage anonyme coiffé du disque solaire à uræus (le roi), remplace (?) ce dieu.
c) Uniquement le nom.
d) Cinq divinités avec un nom collectif lacunaire, cf. *infra*, p.31.

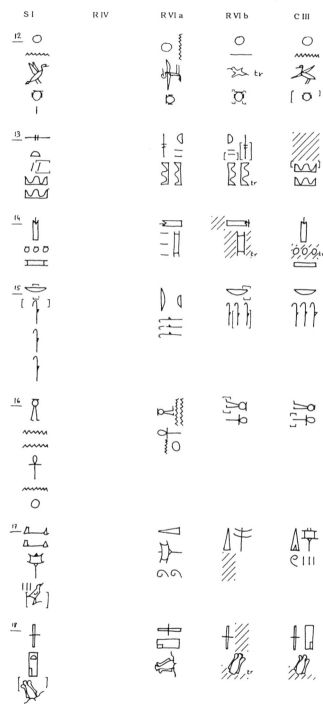

S I	R IV	R VI a	R VI b	C III

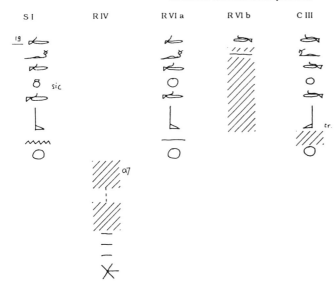

ZONE MÉDIANE

ÉQUIPAGE ET PASSAGERS DE LA BARQUE

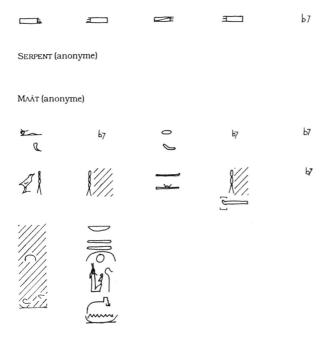

SERPENT (anonyme)

MΛΛT (anonyme)

a) Traces du nom des dieux du registre supérieur.
b) Anonyme.

S I   R IV   R VI a   R VI b   C III

DISCOURS DU ROI

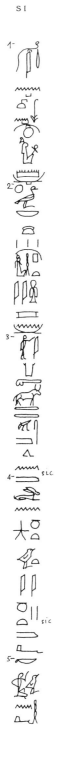

S I   R IV   R VI a   R VI b   C III

S I   R IV   R VI a   R VI b   C III

13-

14-

15-

16-

S I	R IV	R VI a	R VI b	C III

GUIDE ET HALEURS

a) Anonyme.
b) Le nom du guide inscrit dans le texte de l'heure, cf. *supra*, p.27 se trouve exactement au-dessus de la représentation du guide de la zone médiane.

S I	R IV	R VI a	R VI b	C III

ZONE INFÉRIEURE

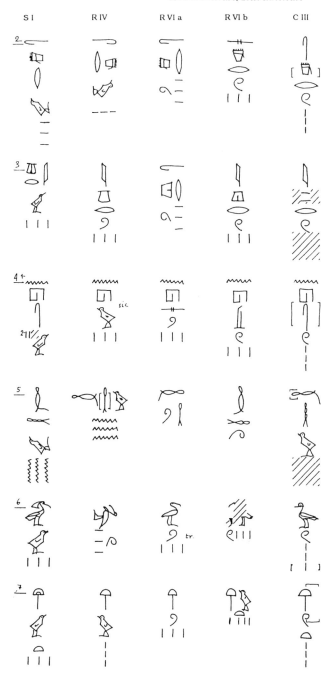

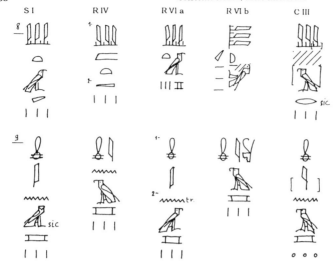

QUATRIÈME HEURE

TEXTES DE LA TROISIÈME PORTE ET DE LA QUATRIÈME HEURE

a) Première colonne des fragments nº 520, 521.
b) Première colonne du troisième fragment, emplacement probable.
c) Deuxième colonne des fragments nº 520, 521.

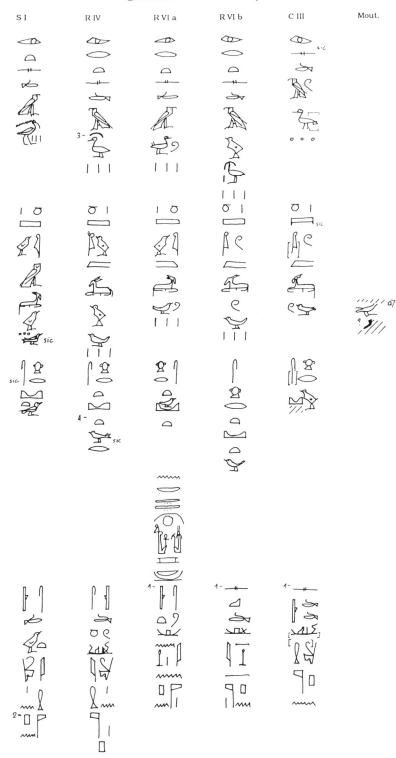

a) Deuxième colonne du troisième fragment, emplacement probable.

S I	R IV	R VI a	R VI b	C III	Mout.

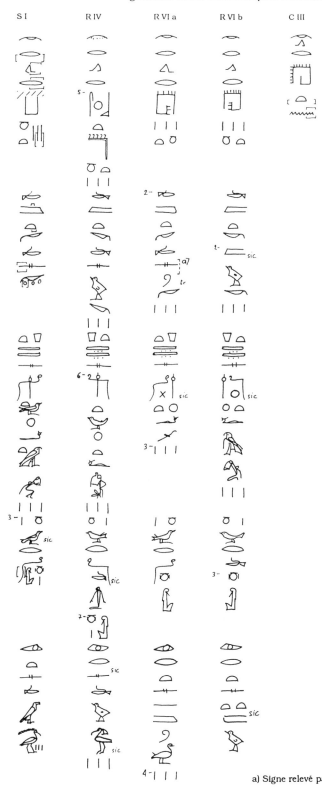

a) Signe relevé par A.PIANKOFF et J.-F.CHAMPOLLION.

S I | R IV | R VI a | R VI b | C III | Mout.

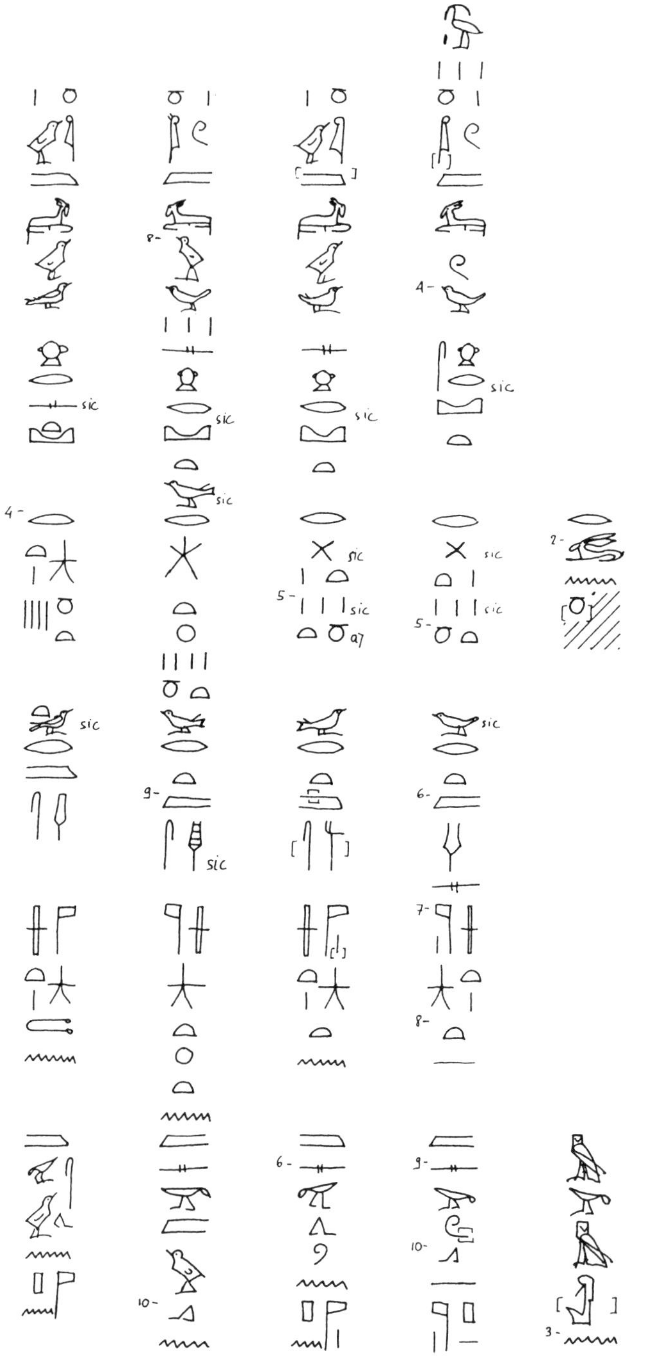

a) Traces d'un trait sur le *t:*

S I	R IV	R VI a	R VI b	C III	Mout.

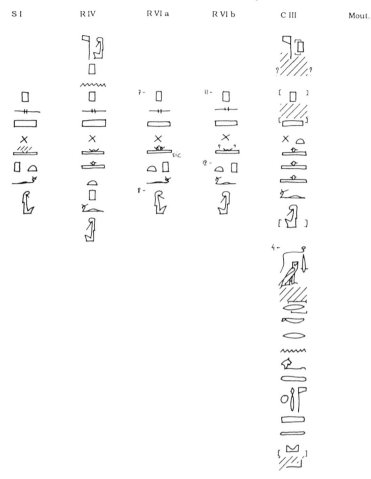

ZONE SUPÉRIEURE

LE CORTÈGE DE DIVINITÉS

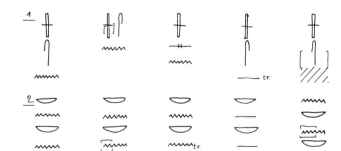

a) Figure omise dans cette leçon.

S I	R IV	R VI a	R VI b	C III

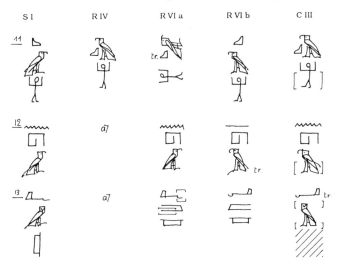

ZONE MÉDIANE

ÉQUIPAGE ET PASSAGERS DE LA BARQUE

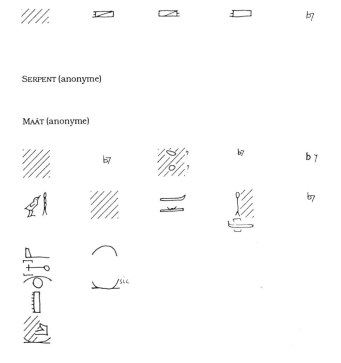

SERPENT (anonyme)

MAÄT (anonyme)

a) Figure omise dans cette leçon.
b) Anonyme.

S I   R IV   R VI a   R VI b   C III

DISCOURS DU ROI

S I	R IV	R VI a	R VI b	C III

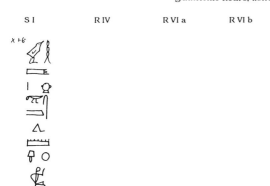

GUIDE ET HALEURS

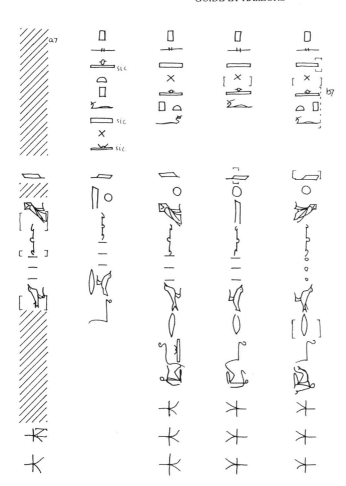

a) Le texte avec le nom du guide détruit ici, provient du second registre de haleurs.
b) Relevé de P.MONTET, ces signes ont disparu.

S I	R IV	R VI a	R VI b	C III

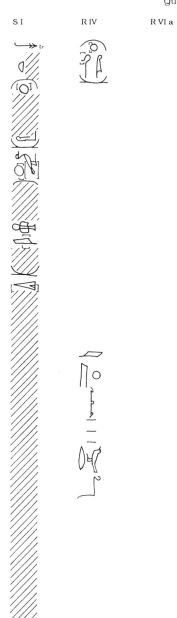

ZONE INFÉRIEURE

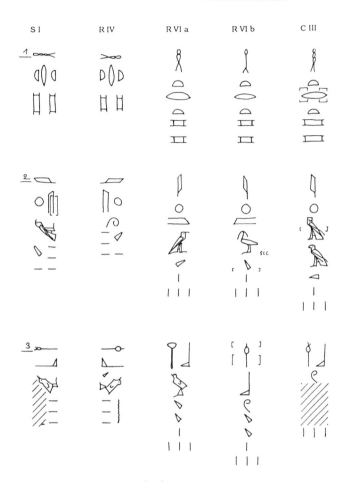

S I	R IV	R VI a	R VI b	C III

<u>4</u> Figures anonymes à tête de silure.

<u>5</u> Figures anonymes à tête de silure.

CONCLUSION DE LA VERSION DE R IV

S I	R IV	R VI a	R VI b	C III

CINQUIÈME HEURE

TEXTES DE LA QUATRIÈME PORTE ET DE LA CINQUIÈME HEURE

S I   R VI a   R VI b   C III

a) Texte omis.
b) Le premier signe à droite était initialement un ʃ qui fut corrigé ultérieurement en *b* .

S I   R VI a   R VI b   C III

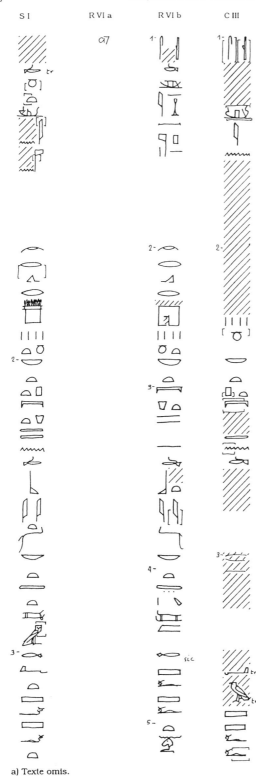

a) Texte omis.

S I　　　　　R VI a　　　　R VI b　　　　C III

ZONE SUPÉRIEURE

LE CORTÈGE DE DIVINITÉS

S I	R VI a	R VI b	C III

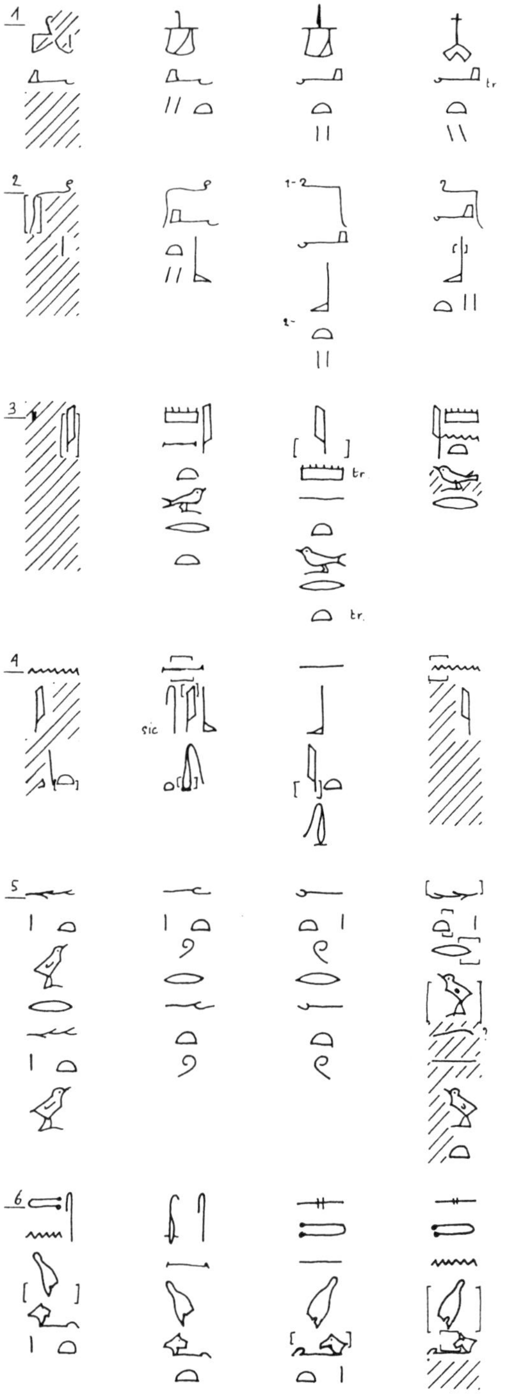

1

2

3

4

5

6

S I   R VI a   R VI b   C III

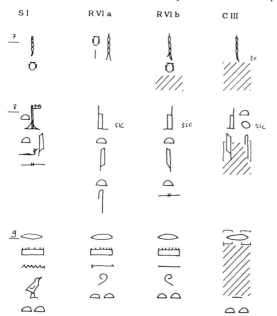

ZONE MÉDIANE

ÉQUIPAGE ET PASSAGERS DE LA BARQUE SOLAIRE

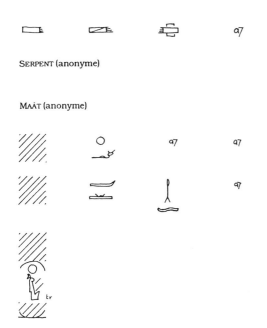

SERPENT (anonyme)

MAÂT (anonyme)

a) Anonyme.

DISCOURS DU ROI

S I	R VI a	R VI b	C III

a) Cinq cadrats détruits dans la première colonne.
b) Quatre cadrats détruits avant les traces du cartouche dans la deuxième colonne.

S I   R VI a   R VI b   C III

GUIDE ET HALEURS

S I	R VI a	R VI b	C III

a) Le texte avec le nom du guide provient du deuxième registre de haleurs.
b) Figure omise.
c) Texte du premier registre de haleurs.

S I R VI a R VI b C III

ZONE INFÉRIEURE

sic

a) Le mortier s'étant détaché de la paroi, seules sont visibles les très légères traces du ciseau dans la pierre.
b) Le mortier dans lequel furent gravés les trois points a disparu entre 1989 et novembre 1992.

S I   R VI a   R VI b   C III

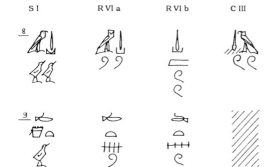

SIXIÈME HEURE

TEXTES DE LA CINQUIÈME PORTE ET DE LA SIXIÈME HEURE

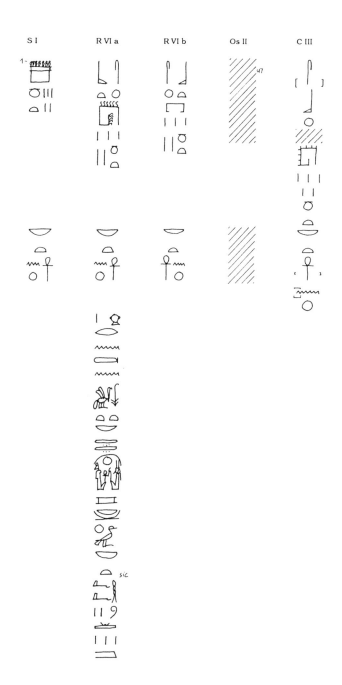

a) La colonne n'est pas conservée.

S I	R VI a	R VI b	Os II	C III

a) Texte omis dans cette leçon.
b) Relevé d'A. PIANKOFF, l'état de conservation actuel ne permet pas de déterminer l'orientation des signes.

S I	R VI a	R VI b	Os II	C III

a) Fin de la colonne.

ZONE SUPÉRIEURE

LE CORTÈGE DE DIVINITÉS

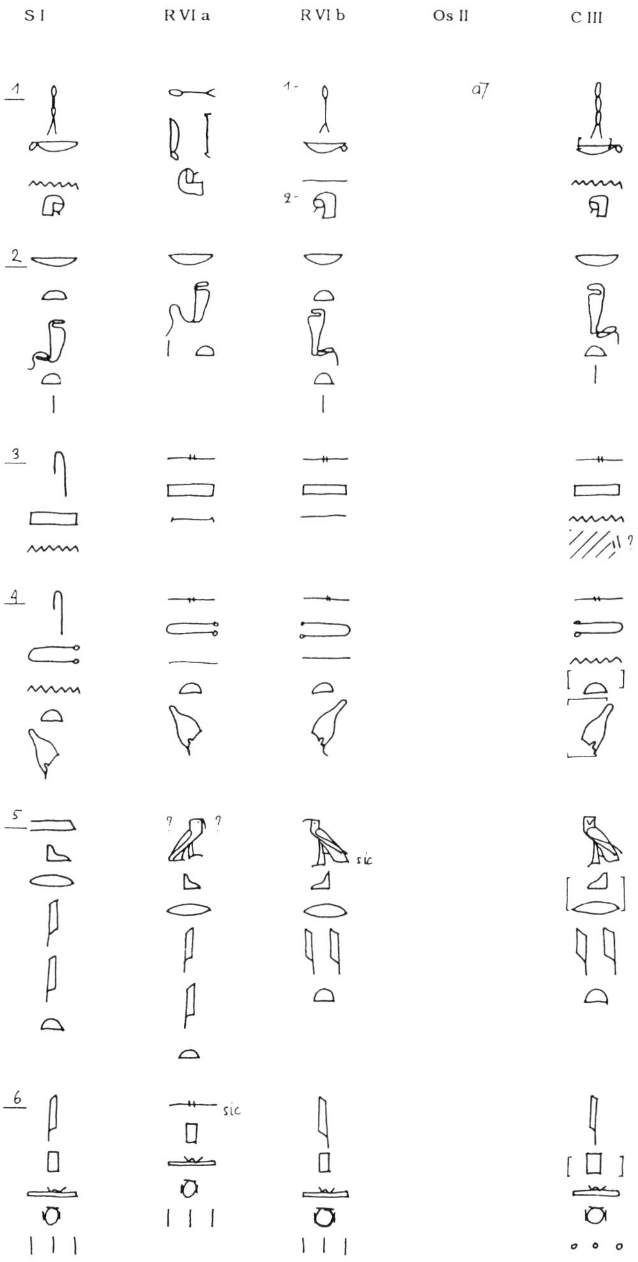

a) Zone supérieure omise dans cette leçon.

S I | R VI a | R VI b | Os II | C III

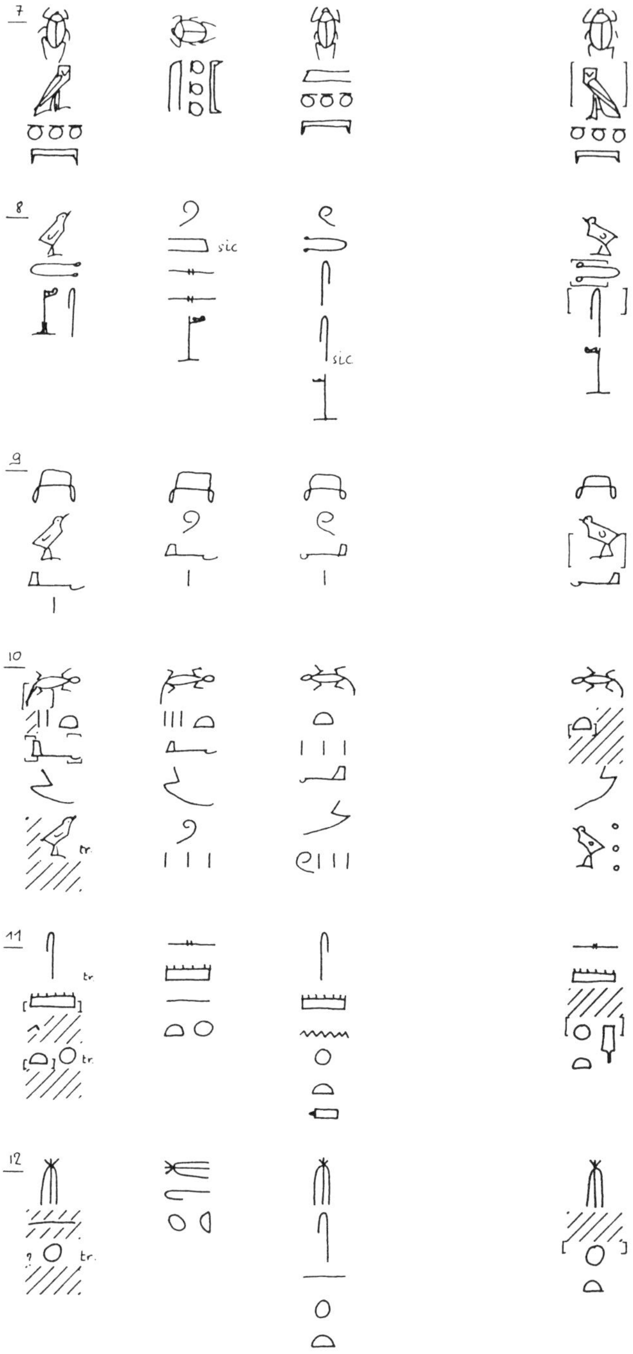

S I   R VI a   R VI b   Os II   C III

ZONE MÉDIANE
ÉQUIPAGE ET PASSAGERS DE LA BARQUE

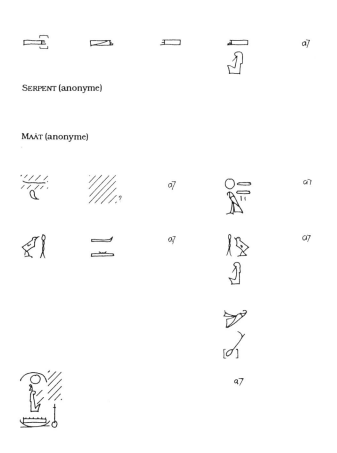

SERPENT (anonyme)

MAÂT (anonyme)

DISCOURS DU ROI

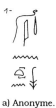

a) Anonyme.

S I	R VI a	R VI b	Os II	C III

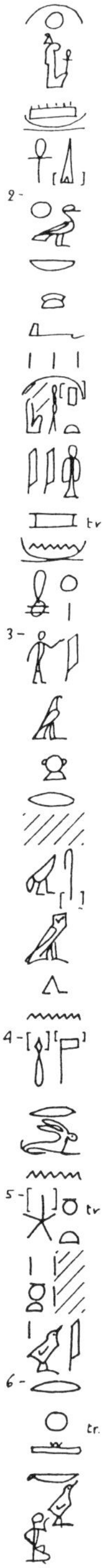

S I   R VI a   R VI b   Os II   C III

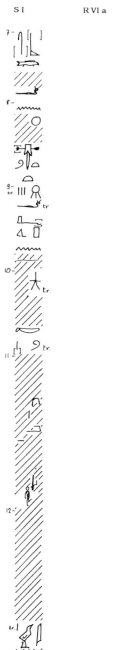

S I	R VI a	R VI b	Os II	C III

GUIDE ET HALEURS

a) Le texte avec le nom du guide provient du deuxième registre de haleurs.
b) Figure omise.

S I R VI a R VI b Os II C III

ZONE INFÉRIEURE

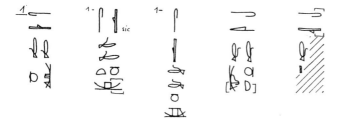

a) Texte du premier registre de haleurs.

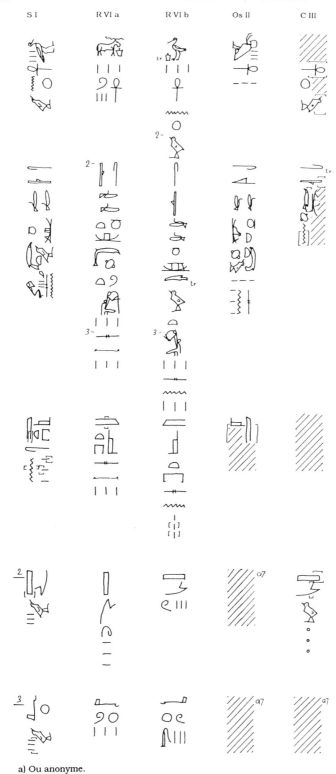

a) Ou anonyme.

S I	R VI a	R VI b	Os II	C III
4	a)	c)	b)	
5	a)	a)	c)	tr.

a) Anonyme.
b) Personnage omis dans cette leçon.
c) Ou anonyme.

SEPTIÈME HEURE

TEXTES DE LA SIXIÈME PORTE ET DE LA SEPTIÈME HEURE

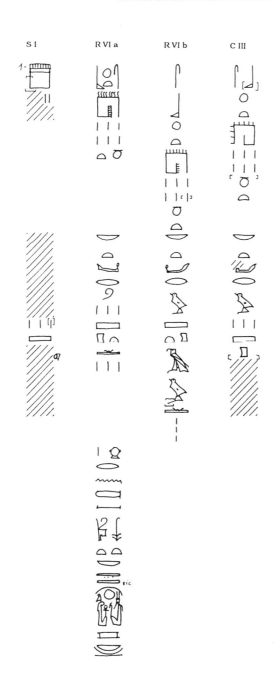

a) Lacune de cinq cadrats jusqu'aux traces de *jn*.

S I   R VI a   R VI b   C III

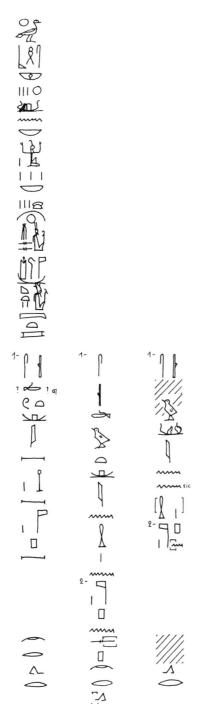

a) L'orientation du *d* n'est pas sûre.

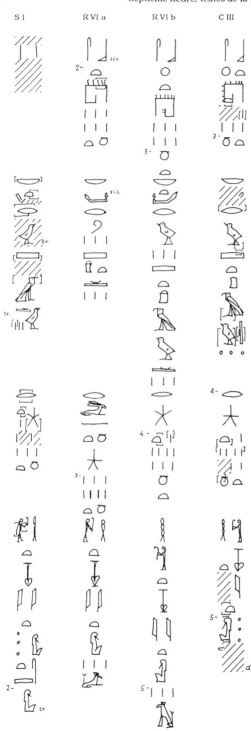

a) Restituer:

S I R VI a R VI b C III

ZONE SUPÉRIEURE

LE CORTÈGE DE DIVINITÉS

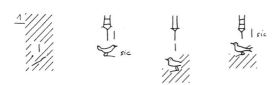

a) Cf. *supra*, p.76 note a.
b) Relevé de P.MONTET.

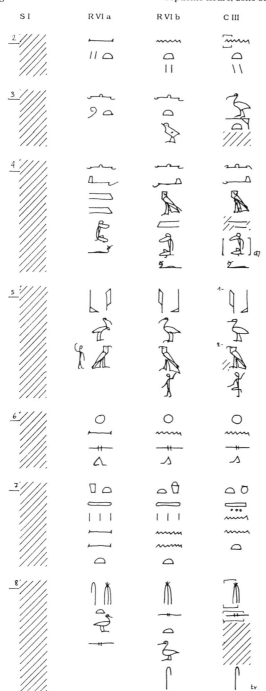

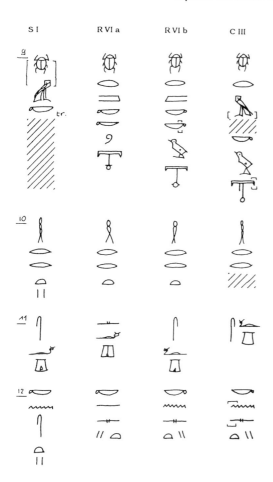

ZONE MÉDIANE
ÉQUIPAGE ET PASSAGERS DE LA BARQUE

SERPENT (anonyme)

MAÂT (anonyme)

a) Anonyme.

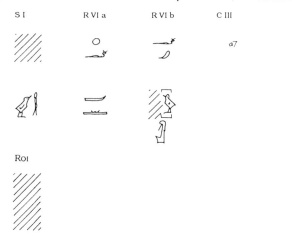

S I   R VI a   R VI b   C III

Roi

DISCOURS DU ROI

a) Anonyme.

S I   R VI a   R VI b   C III

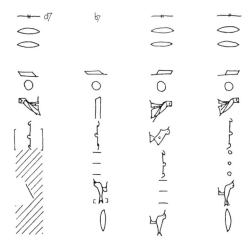

GUIDE ET HALEURS

a) Le texte avec le nom du guide provient du deuxième registre de haleurs.
b) Figure omise.

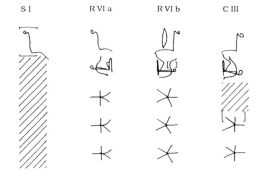

a) Texte du premier registre de haleurs.

ZONE INFÉRIEURE

SCÈNE SYMBOLIQUE DE LA RÉGÉNÉRATION

S I	R VI a	R VI b	C III	TT 33 a	TT 33 b

L'ORANT

HORUS

DISCOURS D'HORUS

a) Relevé d'A. PIANKOFF, sans précision quant à la provenance (TT 33 a ou b ?).
b) Anonyme.
c) Relevé d'A. PIANKOFF précisant la provenance de TT 33 a.

ZONE INFÉRIEURE

SCÈNE SYMBOLIQUE DE LA RÉGÉNÉRATION

L'ORANT

HORUS

DISCOURS D'HORUS

a) Version inachevée, sans aucune inscription.
b) Inscription omise.
c) Anonyme.
d) D'après le relevé de J.Dümichen avec les ajouts et corrections d'A.Piankoff (texte collationné *in situ*). Nous avons conservé l'orientation des signes de J.Dümichen, bien que sa copie soit inversée, car le texte est transposé en lignes dans la publication d'A.Piankoff.

S I	R VI a	R VI b	C III	TT 33 a	TT 33 b

a) Détruit sur environ huit cadrats jusqu'à la trace du déterminatif de *sšd*.

CG 29305	JE 48446	JE 48447	B 49	V 5

a) Lacune sur quatre cadrats avec au centre, une profonde fissure n'ayant pas été colmatée avant la gravure des textes, de sorte que les inscriptions sont détruites au plus sur deux cadrats (selon la disposition de l'oiseau, du ḥ et du rouleau de papyrus).

b) Relevé d'A. PIANKOFF :

Septième heure, zone inférieure

S I	R VI a	R VI b	C III	TT 33 a	TT 33 b

CG 29305   JE 48446   JE 48447   B 49   V 5

a) Fissure n'ayant pas été colmatée avant la gravure, aucun signe n'est détruit.

S I	R VI a	R VI b	C III	TT 33 a	TT 33 b

CG 29305   JE 48446   JE 48447   B 49   V 5

a) Cf. *supra*, p.88 note a.
b) Correction d'A.PIANKOFF apportée au relevé de J.DÜMICHEN.

S I	R VI a	R VI b	C III	TT 33 a	TT 33 b

a) Restituer :

CG 29305	JE 48446	JE 48447	B 49	V 5

a) Restituer le déterminatif divin.

S I	R VI a	R VI b	C III	TT 33 a	TT 33 b

LES DIFFÉRENTES ETHNIES

CG 29305   JE 48446   JE 48447   B 49   V 5

LES DIFFÉRENTES ETHNIES

<u>3</u>

<u>4</u>

<u>5</u>

<u>6</u>

a) Relevé de J.DÜMICHEN, *Grabpalast* III, pl.XVI.
b) Aucun nom dans la publication de J.DÜMICHEN.
c) Signe copié par E.v,BERGMAN, *RecTrav* XII, 1892, p.9.

S I	R VI a	R VI b	C III	TT 33 a	TT 33 b

a) Aucun document ou relevé pour TT 33 a.

CG 29305 JE 48446 JE 48447 B 49 V 5

7

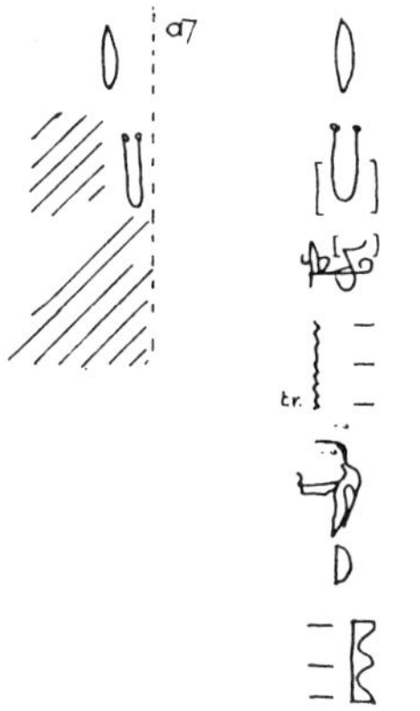

8

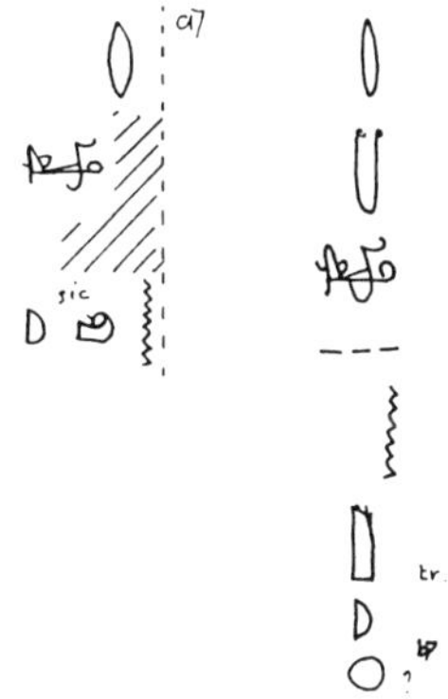

a) Relevé de J.DÜMICHEN.
b) E.v.BERGMAN, *RecTrav* XII, 1892, p.9 copia le signe de la ville dont on ne distingue pas les détails sur le cliché à notre disposition.

HUITIÈME HEURE

TEXTES DE LA SEPTIÈME PORTE ET DE LA HUITIÈME HEURE

a) Restituer le visage et un trait d'idéogramme (trace).

S I R VI a R VI b C III

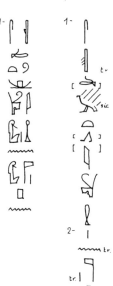

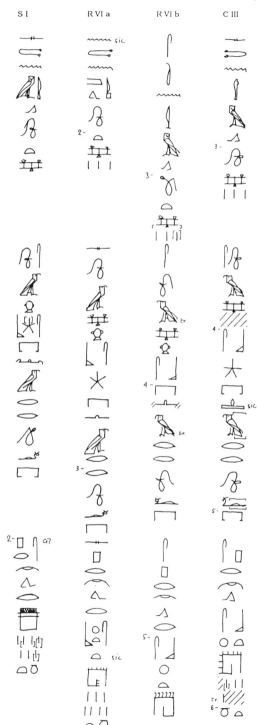

a) Les trois premiers signes sont inachevés.

S I	R VI a	R VI b	C III

a) Les trois premiers signes sont inachevés.
b) Signe inachevé.

S I   R VI a   R VI b   C III

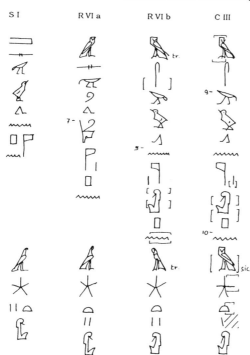

ZONE SUPÉRIEURE

LE CORTÈGE DE DIVINITÉS

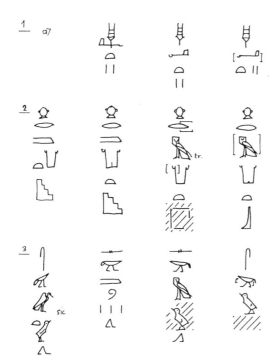

a) Anonyme (zone partiellement inachevée).

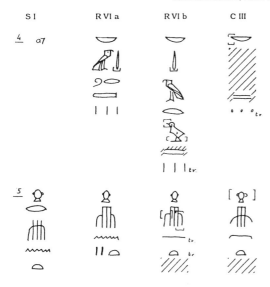

S I	R VI a	R VI b	C III

Roi anonyme b)

ZONE MÉDIANE

ÉQUIPAGE ET PASSAGERS DE LA BARQUE

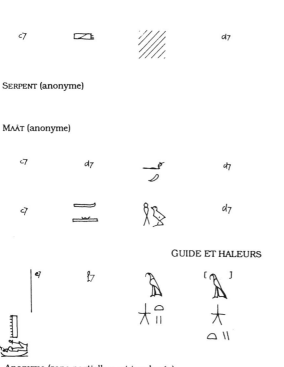

Serpent (anonyme)

Maât (anonyme)

GUIDE ET HALEURS

a) Anonyme (zone partiellement inachevée).
b) Uniquement dans S I.
c) Inachevé.
d) Anonyme.
e) Inachevé. Texte du registre supérieur de haleurs.
f) Figure omise.

a) Seule la tête est gravée, le corps du serpent est inachevé, comme la fin du nom.

ZONE INFÉRIEURE

LE SERPENT

S I	R VI a	R VI b	C III	TT 33 a	TT 33 b
a)	b)	b)	b)	c)	

LES TÊTES HUMAINES ET ANIMALES

	S I	R VI a	R VI b	C III	TT 33 a	TT 33 b
_1_	a)					
_2_	a)					
_3_	a)					
_4_	a)				e)	
_5_	a)	f)	f)			

a) Inachevé.
b) Figure omise.
c) Aucune description.
d) Relevé d'A. PIANKOFF.
e) Aucun relevé d'A. PIANKOFF.
f) Anonyme.

ZONE INFÉRIEURE

LE SERPENT

CG 29305	JE 48446	JE 48447	B 49	L D 9	blocs de Roda

LES TÊTES HUMAINES ET ANIMALES

a) Figure omise.
b) Anonyme.
c) Relevé de J.DÜMICHEN.

S I	R VI a	R VI b	C III	TT 33 a	TT 33 b

LES DIVINITÉS DERRIÈRE OSIRIS

a) Inachevé.
b) Aucun relevé d'A. PIANKOFF.
c) Anonyme.

CG 29305	JE 48446	JE 48447	B 49	L D 9	blocs de Roda

LES DIVINITÉS DERRIÈRE OSIRIS

a) Anonyme.

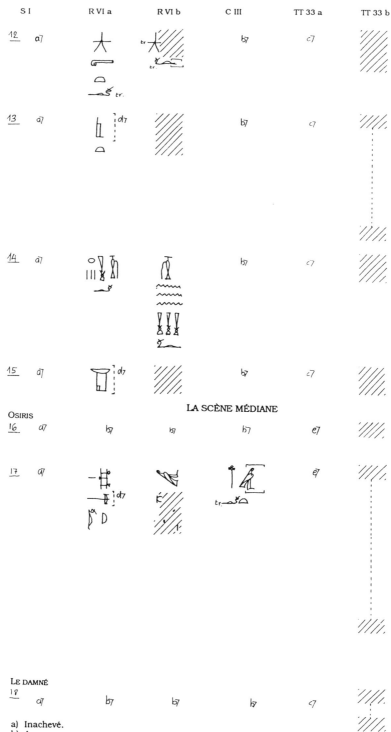

S I	R VI a	R VI b	C III	TT 33 a	TT 33 b

a) Inachevé.
b) Anonyme.
c) Aucun relevé d'A. PIANKOFF.
d) Relevé d'A. PIANKOFF. Signe illisible de nos jours.
e) Figure détruite d'après A. PIANKOFF.

CG 29305	JE 48446	JE 48447	B 49	L D 9	blocs de Roda
12					
	tr.				
13					bloc 66
	tr.				
	tr				
	tr.				
	sic				
14					
15					

LA SCÈNE MÉDIANE

OSIRIS
16

17

sic

tr

bloc 107
bloc 88
bloc 102
bloc 88

LE DAMNÉ
18 tr.

tr.

a) Anonyme.

S I	R VI a	R VI b	C III	TT 33 a	TT 33 b

TEXTE DE LA SCÈNE

a) Relevé d'A. PIANKOFF sans précision quant à la provenance.

CG 29305	JE 48446	JE 48447	B 49	L D 9	blocs de Roda

TEXTE DE LA SCÈNE

a) Inscription omise.

LES DIVINITÉS EN FACE D'OSIRIS [a]

R VI a	R VI b

LES CATÉGORIES DE DÉFUNTS [a]

R VI a	R VI b	R VI a	R VI b

a) Zone inachevée dans S I; personnages anonymes dans C III.
b) A.Piankoff releva un ibis à aigrette.
c) A.Piankoff releva une cigogne.
d) Traces d'un j.

R VI a   R VI b

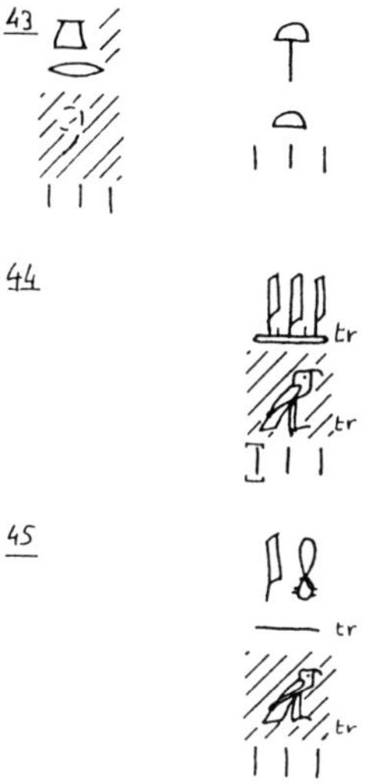

<u>43</u>

<u>44</u>

<u>45</u>

NEUVIÈME HEURE

TEXTES DE LA HUITIÈME PORTE ET DE LA NEUVIÈME HEURE

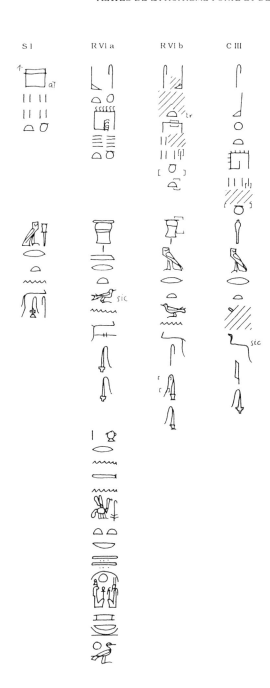

a) Signe inachevé.

S 1   R VI a   R VI b   C III

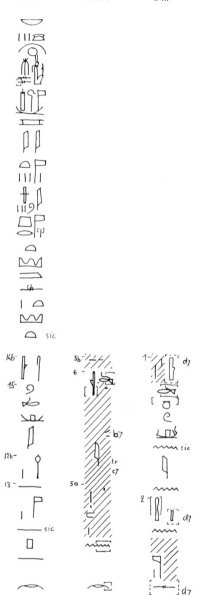

a) Le reste de la colonne est inachevé.
b) Traces de la barque.
c) Restituer :
d) Relevé de P. MONTET.

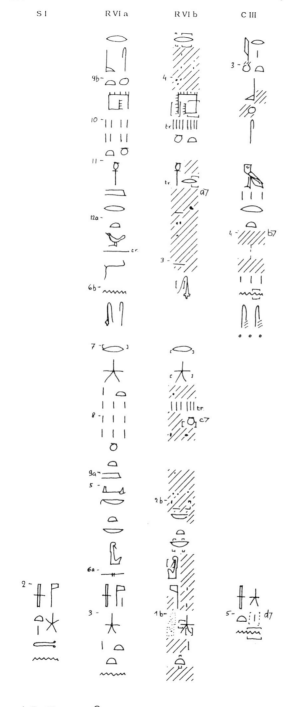

a) Restituer :

b) Lacune de deux cadrats et demi.
c) Restituer :   ‖‖
d) Relevé de P. MONTET.

S I   R VI a   R VI b   C III

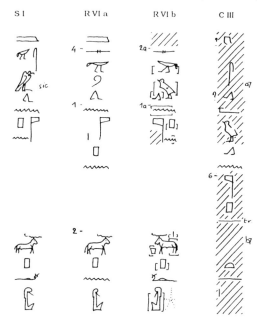

ZONE SUPÉRIEURE

LE CORTÈGE DE DIVINITÉS

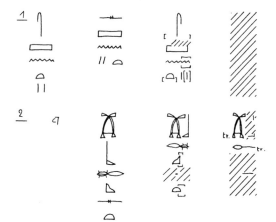

a) P.MONTET copia un *t* à droite du *s* et un trait vertical à droite des jambes.
b) P.MONTET vit un oiseau dans le cadrat détruit, trois traits verticaux et un horizontal (*f*?) au bas de la colonne.
c) Figure anonyme (zone partiellement inachevée).

	S I	R VI a	R VI b	C III

a) Le nom de la fig. n° 4 est inscrit au-dessus de ce dieu.
b) Signes inachevés.

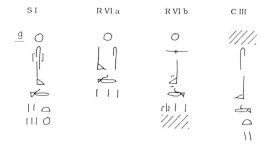

TEXTE DE LA FIN DE LA ZONE SUPÉRIEURE

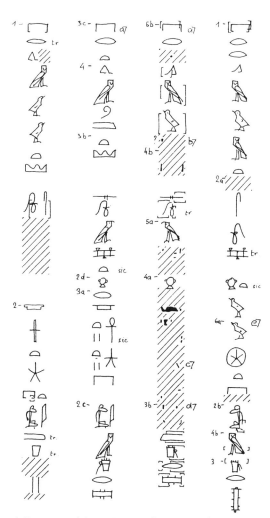

a) Texte perturbé, conséquence d'une copie à l'envers.
b) Restituer selon toute vraisemblance un *m*. Dans le demi-cadrat vide fut sans doute inscrit un *t*.
   Les traces suivantes sont évidemment celles du hiéroglyphe du désert (N 25).
c) Restituer l'étoile de *d3t* et, à la suite du demi-cadrat totalement détruit, le plan d'habitation (O 1).
d) Restituer :
e) La restitution de ce passage de la sixième colonne n'est pas sûr, voir la disposition originale
   (annexe IV).

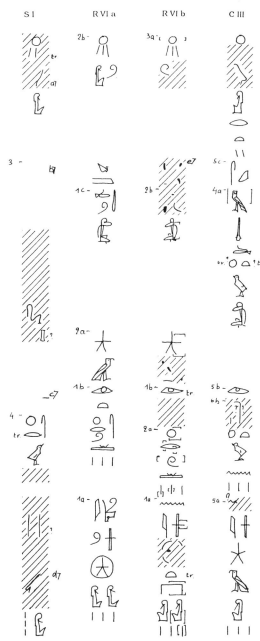

a) Restituer un *w*.
b) Surface plane, sans aucun signe gravé sur deux cadrats et demi au début de la colonne et sur deux cadrats à la fin. La partie médiane est très érodée (traces d'un déterminatif humain ou divin ? et d'un trait vertical).
c) Fin de la colonne.
d) Restituer un *aleph* de *d3t*.
e) Restituer :

ZONE MÉDIANE

ÉQUIPAGE ET PASSAGERS DE LA BARQUE

S I	R VI a	R VI b	C III

SERPENT (ANONYME)

MAÂT (ANONYME)

ROI a)

DISCOURS DU ROI

a) Zone inachevée.
b) Tous les personnages sont anonymes, Sia et Hou sont omis.
c) Zone inachevée. Au bas de la deuxième colonne dont le début est inachevé, sont visibles des traces de signes évoquant *mj Rʿw* (?). La colonne suivante est détruite jusqu'aux traces de *sšmw*.
d) La fin du texte ne fut pas gravée.

LE GUIDE ET LES HALEURS

a) Zone inachevée.
b) Anonyme ou détruit.

ZONE INFÉRIEURE [a)]

R VI a	R VI b	CG 29305	JE 48446	JE 48447	B 49	LD 9

DISCOURS DE SIA

a) Traces de l'esquisse dans S I (mais aucune inscription n'est visible); dans la leçon de C III, le texte ne fut pas gravé et tous les personnages sont anonymes.
b) Ou anonyme.
c) Sans le discours de Sia ni celui des défunts.
d) Restituer le rouleau de papyrus.
e) Restituer le signe *ntr* et trois traits.

R VI a	R VI b	CG 29305	JE 48446	JE 48447

a) Restituer un ibis à aigrette.
b) Zone trop lacunaire pour permettre d'identifier les signes.

a) Zone trop lacunaire pour permettre une restitution de la disposition. L'emplacement de 15 b n'est pas sûr.

R VI a   R VI b   JE 48446   JE 48447

R VI a   R VI b   JE 48446   JE 48447

a) Traces d'un signe allongé, A. PIANKOFF releva un *k*. Suivent un oiseau bicéphale - tête d'*aleph* et de chouette - et un signe ovale.

R VI a   R VI b   JE 48446   JE 48447

a) Les six dernières colonnes ne sont pas perturbées.
b) Restituer le *ty* de *mꜣꜥtyw*.
c) Restituer *jm.ṯn*.

a) Place pour un *t* (copié par J.-F. CHAMPOLLION, *Notices Descr.* II, p.677).

R VI a   R VI b   JE 48446   JE 48447

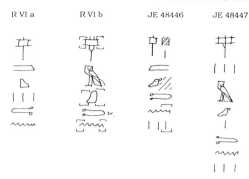

DISCOURS DES DÉFUNTS

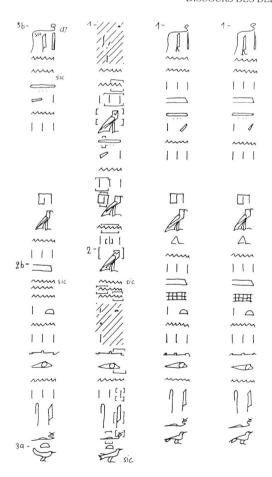

a) Texte perturbé, inscrit dans la zone supérieure (colonnes 1-3) et à la suite du discours de Sia
    (colonnes 17b-18).

R VI a   R VI b   JE 48446   JE 48447

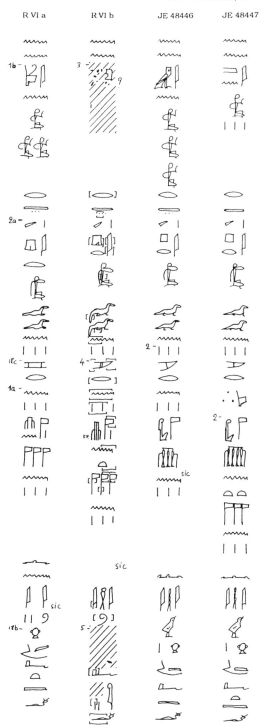

R VI a	R VI b	JE 48446	JE 48447

LES CATÉGORIES DE DÉFUNTS [a]

a) Traces de quelques figures anonymes dans S I; les personnages sont également anonymes dans C III.
b) Relevé de J.Dümichen, *Grabpalast* III, pl.XX. Au lieu de l'aleph copié par J.Dümichen restituer un *m*.
c) Signes copiés par A.Piankoff, invisibles actuellement.

R VI a   R VI b   B 49   L D 9

DIXIÈME HEURE

TEXTES DE LA NEUVIÈME PORTE ET DE LA DIXIÈME HEURE [a]

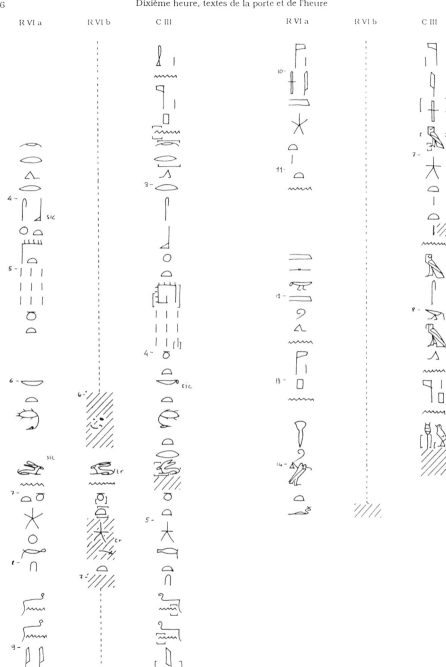

ZONE SUPÉRIEURE

LE CORTÈGE DE DIVINITÉS

S I	R VI a	R VI b	C III

a) Zone inachevée dans S I.
b) Dans une première phase, fut inscrit un autre nom dont on ne distingue que

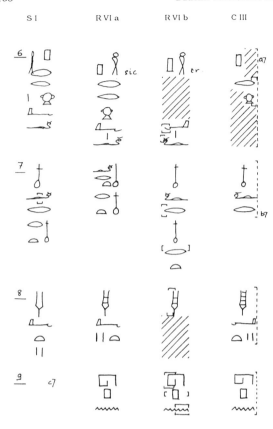

ZONE MÉDIANE

ÉQUIPAGE ET PASSAGERS DE LA BARQUE SOLAIRE

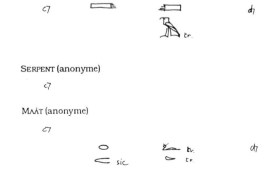

SERPENT (anonyme)

MAÂT (anonyme)

a) Relevé de P.MONTET.
b) P.MONTET copia uniquement *nfr*, mais l'auteur n'indiquant pas les zones détruites, on peut supposer que *nfrt* fut gravé à côté de *nfr*.
c) Zone inachevée.
d) Anonyme.

S I   R VI a   R VI b   C III

a)

GUIDE ET HALEURS

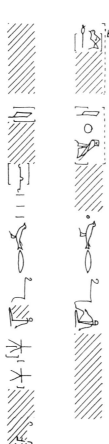

a)

b)

S I   R VI a   R VI b   C III

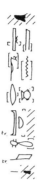

ZONE INFÉRIEURE

S I	R VI a	R VI b 10e h.	R VI b 11e h.	C III	TT 33

a) Zone inachevée.
b) Passage omis (ou détruit ?).
c) Relevé de P.MONTET.
d) Relevé d'A.PIANKOFF.

S I	R VI a	R VI b 10e h.	R VI b 11e h.	C III	TT 33

a) Relevé de J.-F.CHAMPOLLION, *Notices Descr.* II, p.639

a) Signes ébauchés, suivis de deux cadrats vides avant *jḥ.*

S I	R VI a	R VI b 10e h.	R VI b 11e h.	C III	TT 33

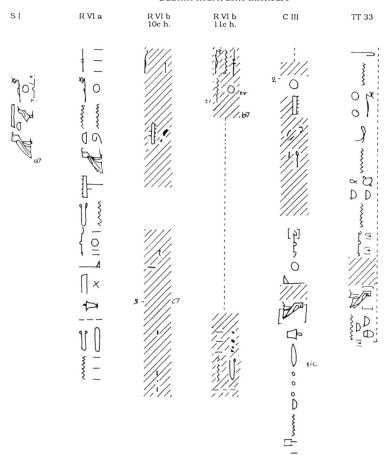

a) Inachevé.
b) Lacune d'environ six cadrats.
c) En colonne, contre la neuvième porte.

ONZIÈME HEURE

TEXTES DE LA DIXIÈME PORTE ET DE LA ONZIÈME HEURE

a) La fin de la colonne est détruite.
b) Relevé de P.Montet.

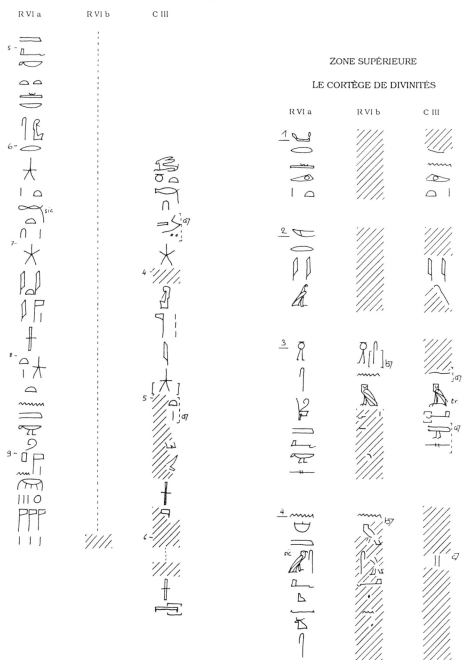

ZONE SUPÉRIEURE

LE CORTÈGE DE DIVINITÉS

a) Relevé de P.Montet, actuellement aucun signe n'est visible.
b) Traces sur fond blanc.
c) Relevé de P.Montet :

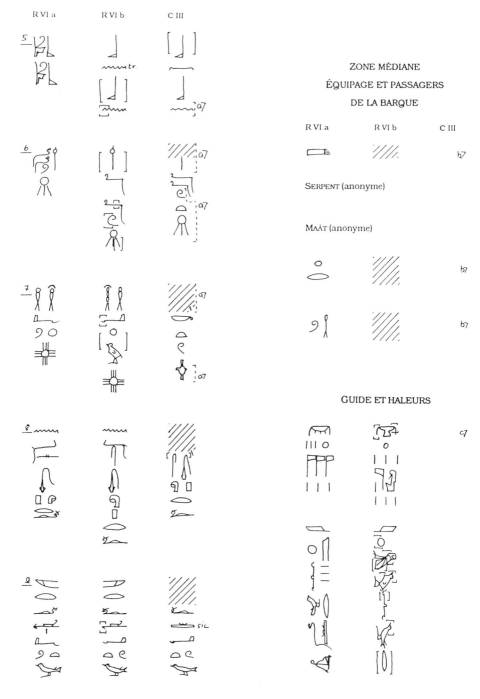

ZONE MÉDIANE
ÉQUIPAGE ET PASSAGERS
DE LA BARQUE

SERPENT (anonyme)

MAÂT (anonyme)

GUIDE ET HALEURS

a) Relevé de P.MONTET.
b) Anonyme.
c) Aucune inscription sur le relevé de P.MONTET.

R VI a   R VI b   C III

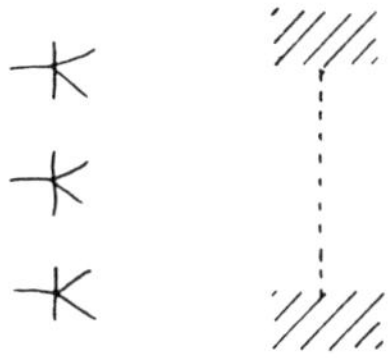

ZONE INFÉRIEURE [a]

---

a) Pour les inscriptions de la zone inférieure, cf. *supra*, zone inférieure de la dixième heure.

DOUZIÈME HEURE

TEXTES DE LA ONZIÈME PORTE ET DE LA DOUZIÈME HEURE

R VI a	R VI b	Os II	R VI a	R VI b	Os II

a) Le texte de l'heure est omis dans la leçon d'Os II.

R VI a   R VI b   Os II   R VI a   R VI b   Os II

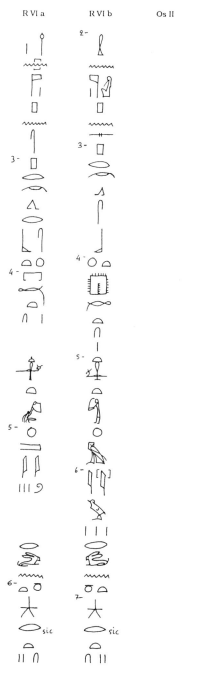

ZONE SUPÉRIEURE

LE CORTÈGE DE DIVINITÉS

a) Relevé de J.-F.CHAMPOLLION, *Notices Descr.* II, p.681.
b) Le cortège est omis dans cette leçon.

R VI a   R VI b   Os II

ZONE MÉDIANE

ÉQUIPAGE ET PASSAGERS

DE LA BARQUE

R VI a   R VI b   Os II

SERPENT (anonyme)

MAÂT (anonyme)

GUIDE ET HALEURS

a) Initialement un *aleph*, corrigé ultérieurement en *m.*
b) Anonyme.
c) Figure omise dans cette leçon.

R VI a   R VI b   Os II

LES CHACALS [a]

LE TEXTE COSMOGRAPHIQUE

DES *BAOU* OCCIDENTAUX [c]

R VI a   R VI b

a) Voir le texte cosmographique des *Baou* occidentaux.
b) Titulature inscrite au-dessus de la représentation du roi divinisé.
c) Les deux leçons furent copiées par J.-F.CHAMPOLLION, *Notices Descr.* II, p.636-637 (R VI b), 682 (R VI a) et A.PIANKOFF, *Le Livre du Jour et de la Nuit*, 1942, p.77-79, 89-93 (É.DRIOTON).
d) É.DRIOTON et J.-F.CHAMPOLLION ont relevé le signe de l'ouest intact, mais sans la trace de l'oreille (?), le précédant.
e) Aucune trace du signe *ankh* sur les genoux du dieu, relevé par A.PIANKOFF et É.DRIOTON.

R VI a	R VI b	R VI a	R VI b	R VI a	R VI b

a) L'uræus actuellement détruit fut relevé par J.-F.CHAMPOLLION, *Notices Descr.* II, p.636 et É.DRIOTON, in A.PIANKOFF, *Le Livre du Jour et de la Nuit*, 1942, p.90.

R VI a   R VI b   R VI a   R VI b   R VI a   R VI b

a) Relevé de J.-F.CHAMPOLLION, *op. cit.*,p.636-37.
b) A.PIANKOFF, *op. cit.*, p.78 releva, comme J.-F.CHAMPOLLION, *op. cit.*, p.637 un q.
c) La fin de la colonne est détruite sur cinq cadrats (ou quatre et demi).
d) La fin de la colonne est détruite sur cinq cadrats et demi environ.
e) La fin de la colonne est détruite sur quatre cadrats environ.

R VI a   R VI b   R VI a   R VI b

a) Traces de *t3 pn* (?). La fin de la colonne est détruite sur environ trois cadrats et demi. La surface de la voûte entre la 25e colonne et la dernière figure de la zone supérieure est totalement détruite. L'espace disponible aurait permis d'y inscrire encore quatre colonnes, dont aucune trace n'est actuellement conservée. J.-F.CHAMPOLLION, *Notices Descr.* II, p.630 releva les lignes de séparation d'une 29e colonne, ce qui nous donne la longueur probable du texte.

b) Texte rétrograde inscrit en ligne au-dessous des colonnes.

c) L'intérieur du signe est peint en jaune, alors qu'A.PIANKOFF, *Le Livre du Jour et de la Nuit*, 1942, p.78 releva le déterminatif de la ville (O 49) reprenant vraisemblablement la copie de J.-F.CHAMPOLLION, *op. cit.*, p.682.

d) Pour *nw* et le déterminatif de la ville (?), A.PIANKOFF, *op. cit.*, p.78 copia les deux bâtons croisés (Z 9) et un *r*, comme J.-F.CHAMPOLLION, *op. cit.*, p.682.

ZONE INFÉRIEURE

LE TEXTE DES ADORATEURS DU SOLEIL

R VI a	R VI b	Os II	TT 132

---

a) Le début du texte n'est pas visible sur le cliché publié par J.LECLANT, *Or* 23, 1954, pl.VIII fig. 1.
b) Fin du texte.

R VI a   R VI b   Os II   R VI a   R VI b   TT 132

LES ADORATEURS DU SOLEIL b)

R VI a   R VI b   TT 132

a) Relevé de J.-F.CHAMPOLLION, *Notices Descr.* II, p.637.
b) Personnages anonymes dans Os II.

R VI a   R VI b   TT 132

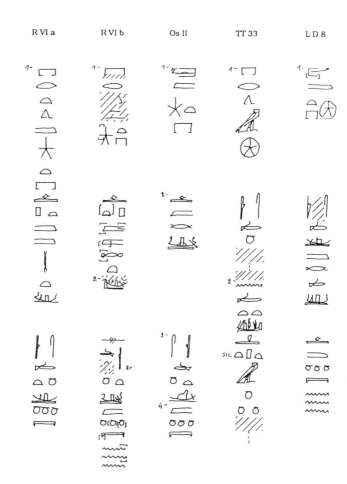

LE LEVER ET LE CYCLE DU SOLEIL

LE TEXTE COSMOGRAPHIQUE

R VI a   R VI b   Os II   TT 33   L D 8

LE LEVER ET LE CYCLE DU SOLEIL

LE TEXTE COSMOGRAPHIQUE

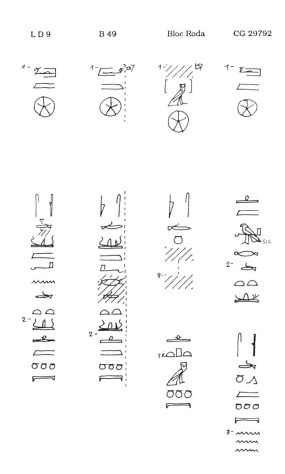

| L D 9 | B 49 | Bloc Roda | CG 29792 |

a) Relevé de J.Dümichen, *Grabpalast* III, pl.XXIV a.
b) Le début et la fin de chaque colonne ne sont pas conservés sur ce bloc.

Douzième heure, le lever et le cycle du soleil

R VI a	R VI b	Os II	TT 33	L D 8

a) Relevé de P.Montet.

L D 9	B 49	Bloc Roda	CG 29792

a) Fin du texte.
b) Traces sur fond blanc.

LD 9   B 49   Bloc Roda   CG 29792

a) De la fin de la colonne avec deux hommes agenouillés comme déterminatifs n'est conservée qu'une tête.

R VI b	TT 33	L D 8	L D 9	B 49	Bloc Roda	CG 29792

a) La fin du texte n'est pas conservée.
b) Un) au lieu du (relevé par J.Dümichen.

LES SCÈNES DU LEVER ET DU CYCLE DU SOLEIL

R VI a	R VI b	Os II	TT 33	L D 9	B 49	Bloc Roda

PREMIÈRE SCÈNE a)

DEUXIÈME SCÈNE d)

a) Scène sans aucune inscription sur les sarcophages CG 29305, JE 48446, JE 48447.
b) Relevé de J.DÜMICHEN, *Grabpalast* III, pl.XXIV a.
c) Seuls signes conservés sur le bloc nº 81.
d) Pour d'autres attestations de ce motif, voir les commentaires de la scène dans *Livre de la Nuit* I.
e) De cette scène, seule une partie d'une barque est préservée sur le bloc nº 81.

R VI a	R VI b	Os II	TT 33	L D 9	B 49	Bloc Roda

TROISIÈME SCÈNE [a]

---

a) Pour d'autres attestations de ce motif, voir les commentaires de la scène dans *Livre de la Nuit* I.
b) Figure anonyme.
c) Aucune déesse n'est conservée.

ANNEXE I

SEPTIÈME HEURE, LE DISCOURS D'HORUS,

restitution de la disposition du modèle de R VI a.

a) Le début étant inscrit en colonnes dans R VI a, la disposition des signes de cette ligne n'est pas assurée. Le modèle était peut-être orienté vers la gauche (option d'A. PIANKOFF dans sa restitution), mais ceci ne modifie en rien le principe de copie.
   Les chiffres entre parenthèses se réfèrent aux colonnes de la version de R VI a (en les numérotant selon l'ordre dans lequel elles furent copiées).

b) Sur le modèle :

168

ANNEXE II

Texte de la neuvième heure :

restitution de la disposition du modèle de R VI a [a)]

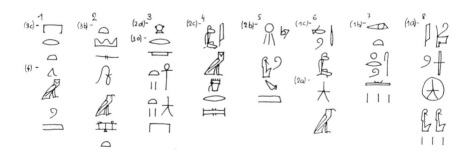

ANNEXE III

Neuvième heure, texte de la fin de la zone supérieure

restitution de la disposition du modèle de R VI a.

a) Les chiffres entre parenthèses se réfèrent aux colonnes de R VI a (dans l'ordre où elles furent copiées par le scribe de cette version).
b) Restitution la plus convainquante, voir cependant la remarque (c) des commentaires de ce texte.

ANNEXE IV

Neuvième heure, texte de la fin

de la zone supérieure, version de C III.

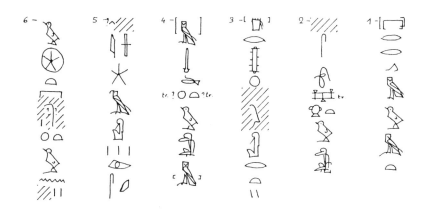

ANNEXE V

Dixième et onzième heures,

zone inférieure, le texte des justifiés, restitution du modèle de R VI a.

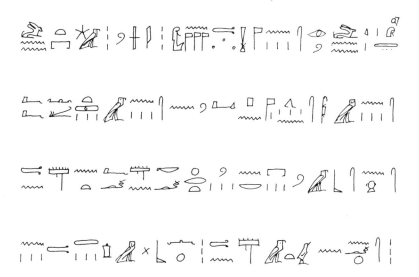

a) Perturbation ne s'expliquant pas par le procédé de copie à l'envers. La restitution du modèle pour les trois premiers mots, *tp, t3, wnn*, n'est pas sûre.

LE LIVRE DE LA NUIT

PLANCHES

TROISIÈME HEURE (S I).

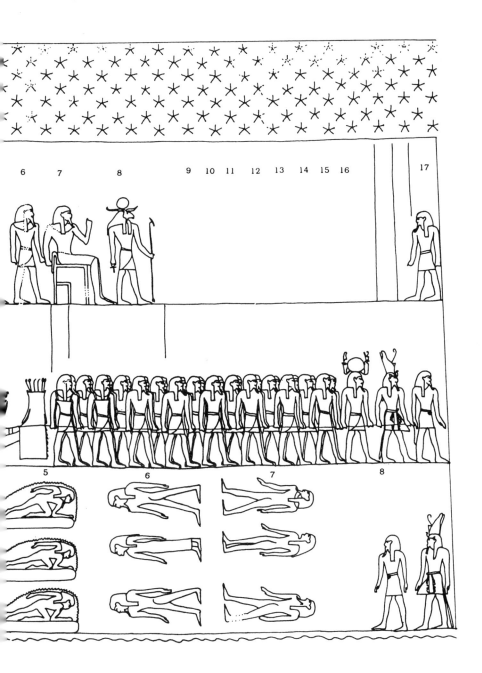

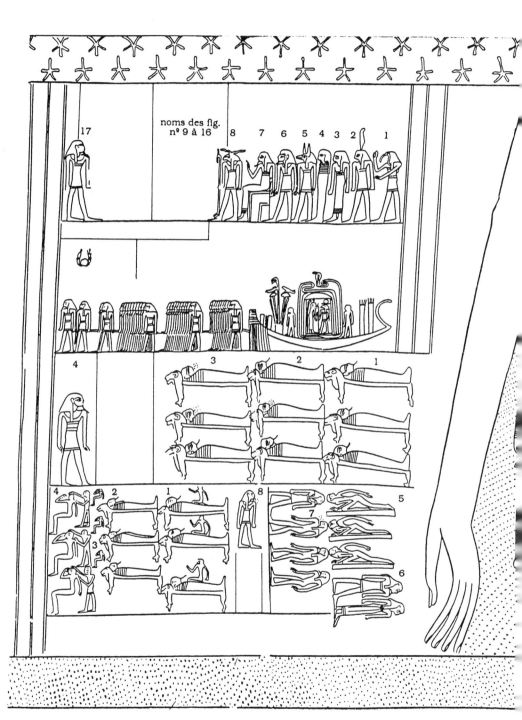

DEUXIÈME ET TROISIÈME HEURES (R VI b).

15   16   17   18   19

8   9

1 2 3 4 5

1 2 3 4

IV

TROISIÈME, QUATRIÈME, CINQUIÈME HEURES (R VI b).

QUATRIÈME HEURE (S I).

CINQUIÈME HEURE (S I).

CINQUIÈME ET SIXIÈME HEURES (R VI b).

SIXIÈME HEURE (S I).

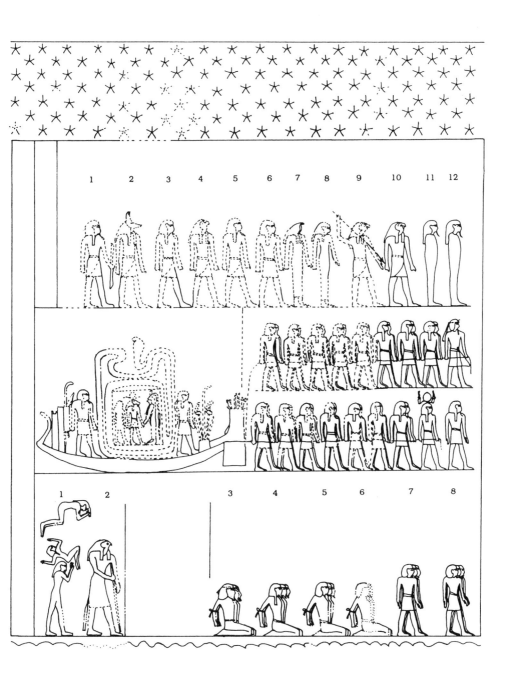

1 2 3 4 5 6 7 8 9 10 11 12

1 2 3 4 5 6 7 8

SEPTIÈME HEURE (S I).

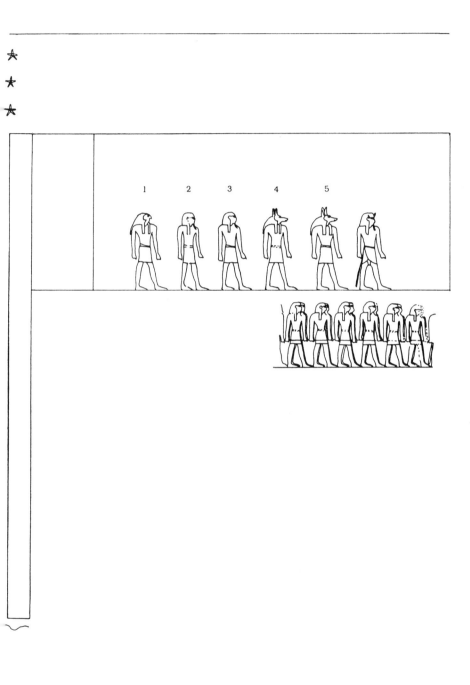

HUITIÈME HEURE (S I).

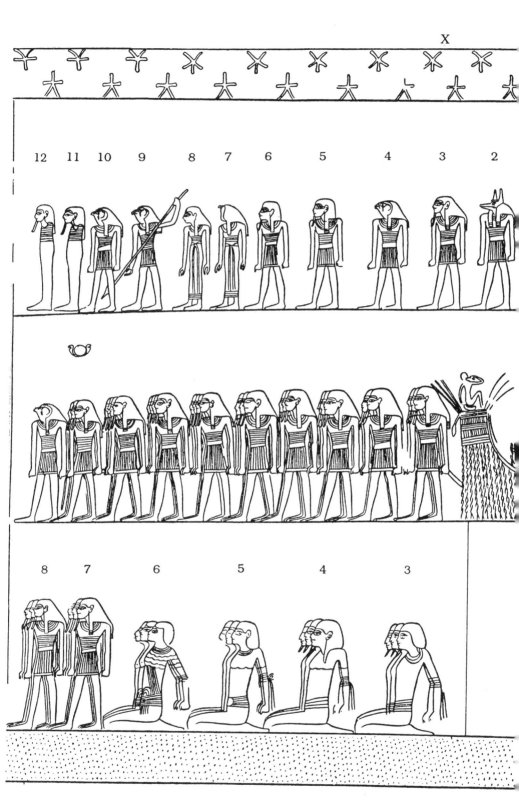

SEPTIÈME HEURE (R VI b).

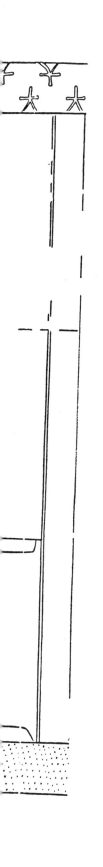

XII

HUITIÈME HEURE (R VI b).

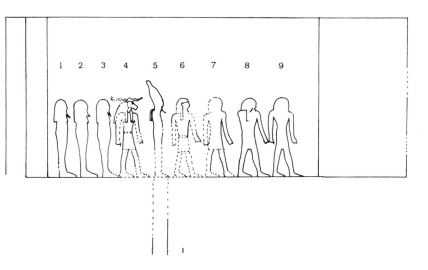

1 2 3 4 5 6 7 8 9

NEUVIÈME HEURE (S I).

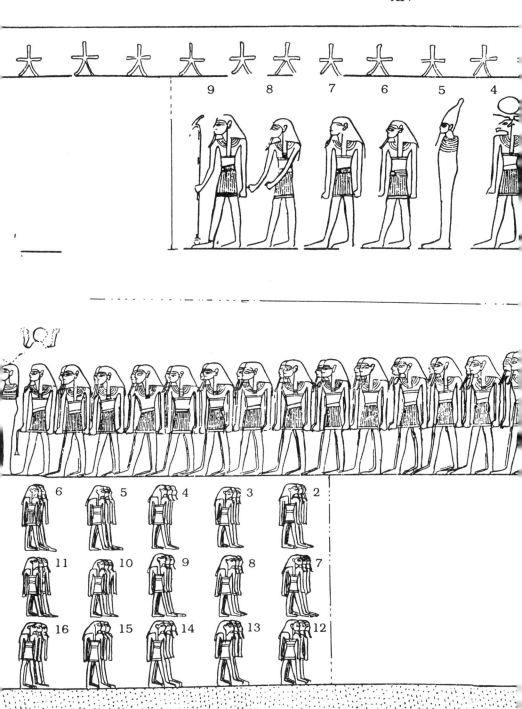

NEUVIÈME HEURE (R VI b).

3   2   1

1

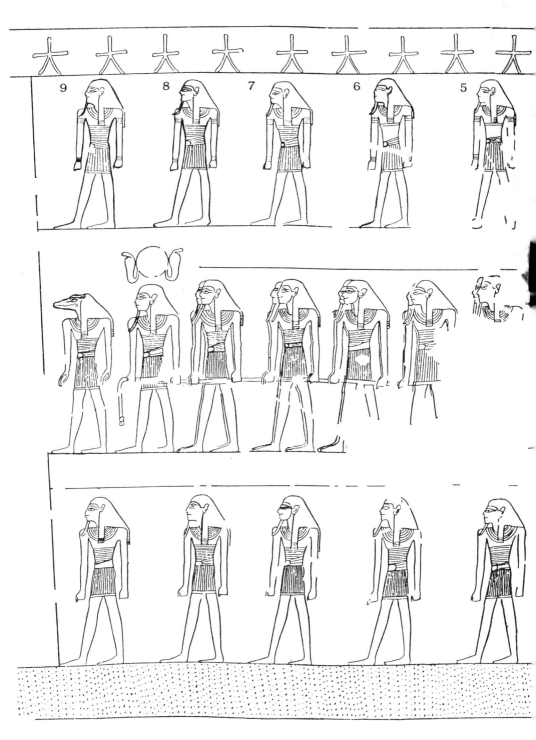

ONZIÈME HEURE (R VI b).

DIXIÈME HEURE (S I).

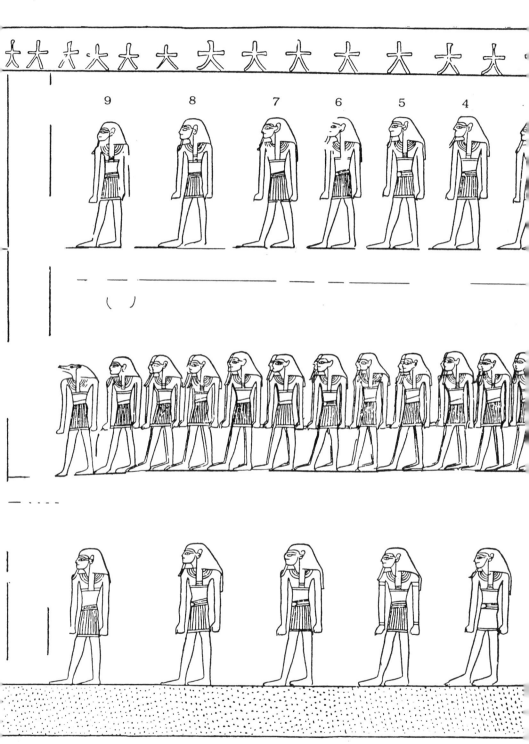

9   8   7   6   5   4

DIXIÈME HEU

4 3 2 1

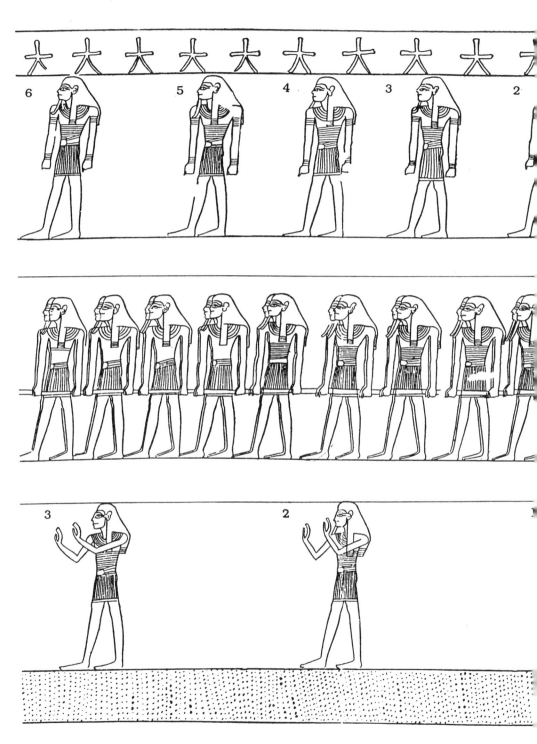

DOUZIÈME HEURE (R VI b).

1

Anonyme

Anonyme

DOUZIÈME HEURE (R VI b).

10

XX

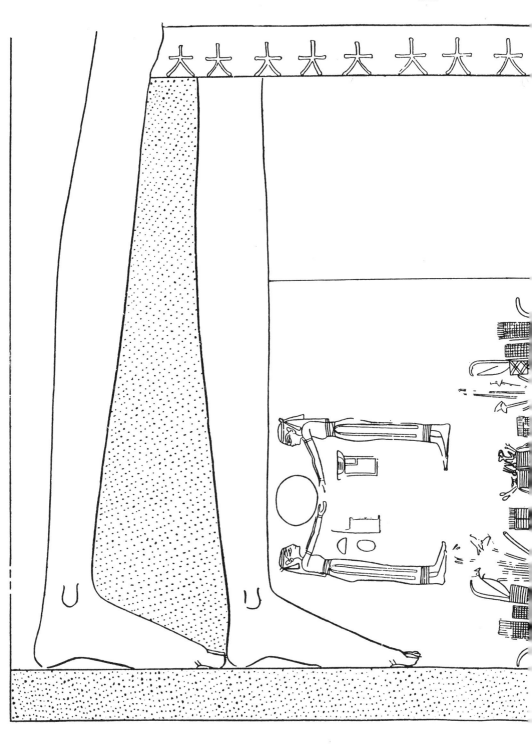

DOUZIÈME HEURE (R VI b).

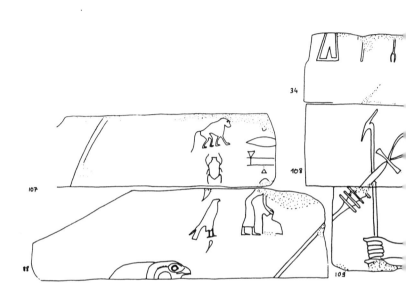

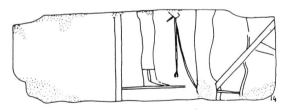

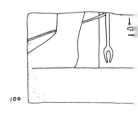

RECONSTITUTION PARTIELLE DES SCÈNES DE LA ZONE INFÉRIE
NILOMÈTRE DE

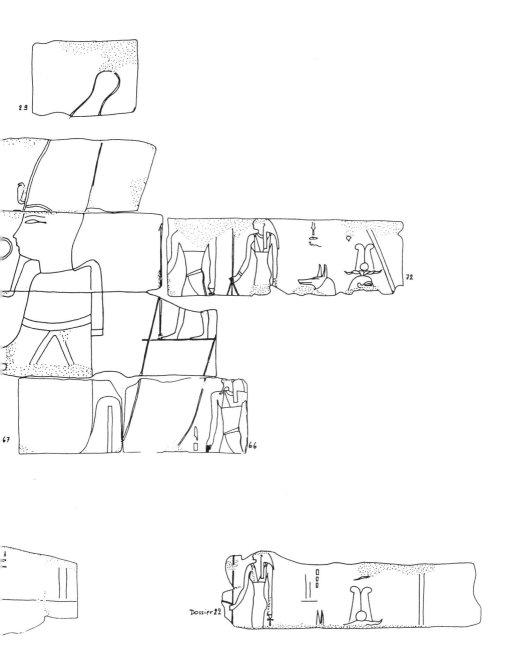

29

72

67

66

Dossier 22

...URE DE LA HUITIÈME HEURE (BLOCS PROVENANT DU
...ODA).

GENERAL THEOLOGICAL SEMINARY
NEW YORK